PARENTHÈSE

Pierre Côté

PARENTHÈSE

Deux mois d'errance urbaine

FIDES

L'IRB en quelques mots

Pierre Côté est le président et fondateur de l'Indice relatif de bonheur (IRB) créé en 2006. Cet indice évalue l'impression et la perception que les gens ont de leur propre état. L'IRB a réussi à faire du bonheur une variable qui compte lorsque vient le temps de porter un jugement sur une société, un groupe, une collectivité.

Cet indice permet également de suivre l'évolution du bonheur des populations sondées en identifiant et en mesurant les différents comportements, attitudes, valeurs et attributs qui l'influencent.

L'IRB s'impose de plus en plus comme un véritable observatoire social indépendant et offre à ses lecteurs, aux médias et aux décideurs une information toujours de grande qualité qui contribue à faire du bonheur une variable qui complète les traditionnelles variables économiques et financières existantes.

On peut consulter le site de l'IRB à l'adresse www.indicede-bonheur.com et suivre Pierre Côté sur son blogue au http://www.indicedebonheur.com/blog/

En couverture : Claudio Arnese/iStockphoto

Catalogage avant publication de Bibliothèque et Archives nationales du Québec et Bibliothèque et Archives Canada

Côté, Pierre, 1957 22 avril-

Parenthèse

ISBN 978-2-7621-3073-7 [édition imprimée]
ISBN 978-2-7621-3278-6 [édition numérique]

1. Pauvreté - Québec (Province). 2. Bonheur. 3. Côté, Pierre, 1957 22 avril-   . I. Titre.

HC120.P6C67 2011   339.4'609714   C2010-942750-5

Dépôt légal : 1er trimestre 2011
Bibliothèque et Archives nationales du Québec
© Éditions Saint-Martin, 2011

Les Éditions Saint-Martin reconnaissent l'aide financière du Gouvernement du Canada par l'entremise du Fonds du livre du Canada pour leurs activités d'édition. Les Éditions Saint-Martin remercient de leur soutien financier le Conseil des Arts du Canada et la Société de développement des entreprises culturelles du Québec (SODEC). Les Éditions Saint-Martin bénéficient du Programme de crédit d'impôt pour l'édition de livres du Gouvernement du Québec, géré par la SODEC.

IMPRIMÉ AU CANADA EN JANVIER 2011

Remerciements

La reconnaissance, 8e facteur d'influence du bonheur. On ne l'exprime jamais assez souvent. Comme si ça faisait mal de dire merci. La publication de ce livre représente une occasion unique. Je m'en voudrais de la manquer.

À Patricia, pour tout et malgré tout

À Marc, pour sa clairvoyance

À François, pour sa générosité

À Jacques et Michelle, pour leur appui inconditionnel

À Yves, pour son écoute et son amitié indéfectibles

À Christian et toute son équipe sans qui l'IRB ne serait plus qu'un souvenir

À l'équipe de production de Blimp pour sa gentillesse et son immense respect

À mes enfants Simon et Alixe, pour la force qu'ils me procurent, la fierté qu'ils m'apportent

À Alex et Claude, qui se reconnaîtront sans doute. Mille excuses et mille mercis. Je vous aime.

1

Entre le désir et la peur

FIN FÉVRIER 2010. On me propose de devenir le Naufragé des villes. Un naufragé qui passera les mois de mai et juin au cœur d'un Montréal situé à mille lieues de celui des affaires et de l'aisance. Non pas que ce Montréal corresponde au mien, mais à choisir, je préfère le confort à la misère. Ne connaissant pas ce projet d'émission et peu désireux d'y prendre part, je refuse poliment, mais sur-le-champ, la proposition qui m'est offerte, tout en reconnaissant son intérêt et son originalité. Ma rencontre avec cette maison de production concernait un sujet complètement différent, sans aucun rapport avec ce qui m'était présenté.

Mon refus de camper ce naufragé ne m'empêche toutefois pas d'y penser. Comme un remords qui revient sans cesse te picosser, comme une toune inoffensive qui te hante, te pourchasse jusque dans ton sommeil. L'idée fait son chemin, ébranle une à une les raisons qui, au départ, m'ont fait décliner une proposition dont l'envergure et l'extravagance n'ont d'égal que sa valeur.

C'est toujours ainsi que ça se passe. Dans mon cas du moins. Je commence toujours par dire non. Comme un réflexe de protection. Pour éviter que mon petit univers se trouve d'un coup chamboulé. Par la suite, je réfléchis.

Au-delà de l'expérience et des nombreux éléments positifs, en survol, que je pourrais en retirer, une première chose m'accroche. Me rebute aussi. La somme disponible pour chacun de ces deux mois : 592 dollars. Le montant correspondant à l'allocation qu'un célibataire apte au travail reçoit du ministère de l'Emploi et de la Solidarité sociale. Le fameux chèque du BS comme on dit. C'est bien peu. Ça fond comme la première neige au soleil. Comme je suis cartésien, mon premier réflexe est rationnel. Je calcule, revois mon budget, aussi vague soit-il. J'analyse mes dépenses, en épicerie d'abord. Je procède ensuite à des recherches rapides pour connaître le coût des chambres, des logements, des colocations. Le constat tombe bien avant la fin de mes recherches. Impossible, même au prix d'énormes sacrifices et privations, de vivre avec si peu d'argent pendant un mois.

Ce rapide constat, implacable, attise mon sentiment d'insécurité, m'entraîne dans des réflexions beaucoup plus fondamentales. Un véritable face-à-face débute entre mes deux moi.

D'un côté, le petit bourgeois peinard, confortable et obsédé par la peur de vieillir, mais qui n'a jamais manqué de rien et a toujours réussi dans la vie. De l'autre, l'idéaliste un peu rebelle, non conformiste, un tantinet torturé, préoccupé par les questions sociales et très critique à l'égard de la société.

Le combat fut court, mais violent pour le paradoxe ambulant que je suis. Je déteste l'instabilité, et pourtant, je la recherche constamment. Elle m'attire autant qu'elle m'effraie et je nage, d'un état à l'autre, anticipant toujours dans l'un, un transfert rapide vers l'autre. Mes humeurs en souffrent. Certains appellent ça de la cyclothymie. Si ça les rassure, tant mieux. Même chose pour les défis. Toujours à cheval entre le désir et la satisfaction de les relever et la peur d'échouer. Pour ces raisons, j'agis toujours en fonction du pire, mais il ne se pointe jamais. Un peu rasant, mais ça marche. Un véritable automatisme. Je n'aime pas trop les surprises, surtout les mauvaises, alors je les prévois, les évite. Ce n'est pas le contrôle qui m'attire tant que le chaos et la confusion qui m'horripilent.

Alors, passer les mois de mai et juin à Montréal avec mon petit baluchon et 592 dollars dans mes poches m'angoisse. Sans carte de crédit ou de débit. Sans ordinateur ni Blackberry. Sans voiture, avec un minimum de contacts avec mes enfants et mes amis. Cette expérience heurte de front la stabilité un peu artificielle de ma vie, mais appelle son contraire avec tout autant de force.

Les questions et interrogations se bousculent des deux côtés. Les deux pugilistes sont bien entraînés. Mes angoisses et mes appréhensions ressortent, des plus superficielles aux plus fondamentales. Et si j'échoue ? demande le bourgeois peinard. Si je suis incapable de me débrouiller, de me trouver un toit décent, un travail et un revenu suffisant pour assurer ma subsistance ? Si j'abdique ? Quelle honte ! Mon orgueil en prendrait un coup. L'estime de moi encore davantage. Tout le Québec saurait que je suis un faible, incapable de faire face à l'adversité. La télé demeure encore et toujours la télé. Elle enfièvre l'imagination. Les gens se souviennent.

Mais aussi, quelle occasion unique. Quelle expérience exceptionnelle, rétorque l'idéaliste torturé. Le côté rationnel et stratégique de ma personnalité en ajoute, fait valoir la visibilité inespérée que procurerait ma participation à cette série particulière, un documentaire solidement ancré dans la réalité. Aussi, j'avoue, j'aime bien qu'on parle de moi, de ce que je fais. J'aime occuper l'espace même si j'ai une immense pudeur et, quelque part, une grande humilité. Si les impératifs de l'IRB (indice relatif de bonheur) m'obligent à assumer une certaine présence médiatique, j'admets que je m'en accommode assez facilement. J'y prends même plaisir.

Mon combat intérieur se poursuit toujours. Les coups pleuvent. Les protagonistes sont salauds. Ils frappent sans relâche, souvent au-dessous de la ceinture. L'ex-athlète et sportif aguerri est solidement atteint. Acculé dans les câbles par le bourgeois. J'admets que la pauvreté et la misère m'effraient. Elles me dérangent profondément, provoquent chez moi un malaise, un inconfort. En acceptant de devenir ce naufragé, j'aurai à les côtoyer pendant deux mois, à les surmonter, à les apprivoiser.

J'ai toujours associé la pauvreté et la misère à la violence. Dans les regards des gens, beaucoup. Ça m'intimide. Dans la gestuelle aussi, dans les mots, dans l'attitude. Si je suis une personne sanguine, parfois colérique, je ne suis par contre aucunement violent. Comme tous ces petits maudits chiens détestables, je jappe, parfois fort, mais ne mords jamais. Qu'est-ce qu'ils ont tous d'ailleurs à les aduler, à les laisser nous emmerder de la sorte, ces clébards? Ils ne mériteraient qu'un bon coup de pied au cul. Allez ouste et basta!

Je n'ai jamais été confronté à la misère et à la pauvreté. Le contact quotidien avec la petite misère, la privation et les restrictions provoquerait-il chez moi des réactions inhabituelles, voire agressives?

Déjà ébranlé, sans vraiment savoir d'où il provient, je reçois un coup sauvage derrière la

tête. Il entraîne ma réflexion un cran plus loin.
Et si, poussé dans mes derniers retranchements,
isolé dans les derniers recoins de ma personnalité, je découvre le petit monstre qui sommeille
en moi ? Et si ce qu'on réussit à cacher tant bien
que mal, à ne jamais montrer, à oublier même,
refait surface ou surgit ? Le principe est simple
et connu. Je n'invente rien. C'est le principe du
rat, prisonnier et coincé. L'homme est pareil.
Il puise alors au plus profond de lui-même
pour s'en sortir, faisant fi des conventions, de la
morale, du respect, le bien et le mal ne formant
qu'un seul et même tout, l'humanité n'étant plus
qu'un simple mot. Je l'ai déjà vu. Pas très chic.
Je ne crois pas avoir de fantômes dans mon
placard. Je n'ai jamais eu à faire le ménage, mais
qui sait ?

Le combat entre mes deux moi se poursuit de
plus belle. Cette lutte, sans que je le réalise, me
fait toujours prévoir le pire. C'est aussi ma façon
de me préparer, de me protéger. Un peu lourd
comme processus, j'avoue.

Aux questions existentielles se mêlent celles
pratiques et concrètes. Elles deviennent inévitables, forcent une seconde introspection, minimale, mais nécessaire. La furie des deux oppo-
sants devient cependant moins frénétique. Le
combat se transforme. Les coups portent moins,
mais demeurent efficaces. Il n'y aura pas de K.O.
Je le sens. Une victoire serrée est à prévoir.

On dit que le *timing* est souvent plus important que tout le reste. J'approuve. J'espérais
une année 2010 marquante. Je souhaitais qu'il
se produise des choses hors de l'ordinaire qui
m'obligent à sortir de mon confort, de mes habitudes. Je voulais aller au bout de moi. M'améliorer, apprendre, connaître. Pousser mon projet
d'IRB à sa limite. Pour qu'il passe... Ou qu'il
casse, puis s'évapore et me libère.

Ma situation de consultant me permettait de
consacrer deux mois à un tel projet. L'autonomie
et la liberté que procure ce travail n'ont souvent
pas de prix. Mes enfants maintenant adultes,
autonomes et vivants à l'extérieur de Québec, je
ne ressentais aucune obligation envers eux, sauf
celle de père. Déjà, j'avais vendu mon condo,
déménagé dans un appartement plus petit. Ma
vie sentimentale s'avouait brumeuse et réclamait
une pause. Une autre.

Mon entourage immédiat sans exception, ma
blonde y compris, m'encourageait à répondre à
cet appel, en relation étroite avec ce que je suis
et la mission poursuivie à travers l'IRB. Étrange-
ment toutefois, aucun n'aurait accepté de person-
nifier ce naufragé. Tous voyaient cependant cette
expérience à ma pointure. Comme une occasion
qui ne se reproduira plus jamais. D'un point de
vue rationnel, la situation apparaissait idéale.
Pour que je relève ce défi et, du coup, m'offre
une parenthèse rarissime et inestimable de deux

mois, d'où le titre de ce livre. Mais le rationnel se bat souvent avec un tire-roche. Ses armes sont connues. Leur portée, limitée. L'émotif, lui, n'a que faire du raisonnable, du cartésien, du réfléchi, de la logique et du gros bon sens. Il carbure à l'émotion, joue avec l'intensité, intègre une dramatique et développe des scénarios, souvent éloignés de la réalité. L'émotif nous fait rêver et ne rencontre d'autres limites que celles de notre imagination, mais les cauchemars aussi sont des rêves.

Après quelques jours de réflexion, le rationnel avait pris une sérieuse option sur l'issue du combat. L'émotif, inépuisable, continuait à jouer ses cartes, toutes axées sur mes peurs de bourgeois. Presque convaincu de revenir sur ma décision initiale, je téléphone à la maison de production pour savoir si l'offre tient toujours et, si oui, pour les rencontrer une deuxième fois. Rien de nouveau ou de révélateur ne ressort de cette réunion, mais un sentiment de confiance et de respect mutuels s'installe. C'est suffisant. C'était l'élément manquant.

De son côté, la maison de production ne cache pas ses intentions. La transparence et la franchise constituent une bonne combinaison. Les seules valables en ce qui me concerne. Je ne suis pas dupe non plus. Je représentais une belle prise. Une personne aisée qui a réussi, du moins en apparence. Un peu rebelle, très conscientisé, qui n'a jamais été dans la vraie merde. Jamais fait de prison. Jamais coincé dans une controverse. Ex-président de compagnie, fondateur d'un indice enraciné dans le social et l'humain, mon image correspondait bien à celle que le producteur et le diffuseur recherchaient. En exagérant les contrastes, en accentuant les contours, l'effet recherché se trouvait dès lors garanti.

Malgré tout, je tergiverse. J'hésite encore. Cette expérience, je le sais, heurtera mon humilité davantage qu'elle n'alimentera mon orgueil, mais je connais déjà ma réponse. Un étrange mélange de résignation, de motivation et d'obligation me pousse à accepter. Comme si cette expérience m'était destinée, que je ne pouvais m'y soustraire. Un passage obligé vers ailleurs, vers autre chose. Quant aux risques, qu'ils aillent au diable.

Finalement, le rationnel l'emporte. L'émotif, en bon perdant, accepte le verdict et se range du côté du vainqueur. Je suis alors le processus officiel de sélection et soumet ma candidature. Mon choix n'est pas assuré, mais disons que... Par la suite, le tapis glisse sous mes pieds. Le temps déboule. Le 3 mai, date fatidique, approche inexorablement avec, à sa suite, tout un lot de questionnements, d'inquiétudes.

Mon humeur est fluctuante, mes pensées à l'avenant, mais je résiste. La meilleure façon de ne pas revenir sur ma décision est de l'annoncer.

À mes enfants, mes proches, mes clients et ma mère, quatre-vingt-cinq ans bien sonnés, qui ne comprend pas trop. Déjà que l'IRB lui paraissait du chinois, cette expérience ne fait qu'ajouter à son incompréhension. Elle ne comprend pas ce qui me pousse à m'engager dans un tel projet, inquiète surtout de l'image que je vais projeter. Son fils qui jouera au pauvre! Quelle idée saugrenue.

Tous les autres approuvent ou comprennent. Mes enfants surtout, qui reconnaissent bien là leur père un peu sauté, toujours surprenant, toujours en mal de vivre et d'apprendre. Sans doute cette maudite peur de vieillir. Une obsession autant qu'un leitmotiv. Dans le cadre d'un reportage, une journaliste de la Société Radio-Canada m'a demandé une fois de lui dire ce que pouvait faire une personne malheureuse pour devenir heureuse. Quelle question! Comme si j'avais cette réponse dans ma poche d'en arrière. Incapable de répondre, je lui ai demandé de me laisser quelques jours pour y penser. Après réflexion, trois éléments me sont apparus essentiels. L'un deux, l'apprentissage, est sans doute le plus difficile. À partir du moment où l'on cesse d'apprendre, on se ferme, on s'isole. On regarde vers le passé plutôt que d'apprécier le présent. On devient plus négatif, le doigt sur la gâchette, toujours prêt à en découdre. Pour tout et pour rien. Le caractère chialeux des Québécois n'est pas pure invention. C'est simple, on devient comme le naufragé sur son île perdue. Déconnecté. Le train passe sous nos yeux et on ne le réalise même pas. C'est ce qui explique qu'il y en a tant qui sont déjà vieux à trente ou quarante ans alors que d'autres demeurent éternellement jeunes. J'espère faire partie de ces derniers.

Les jours et les semaines défilent à toute vitesse. Je m'interroge sur l'égarement qui m'a poussé à accepter pareille aventure. Est-ce du courage, comme le pensent mes enfants, ou une expression narcissique latente qui, comme un bouton, ne demandait qu'à éclore ? Je songe même à me désister, chose que de ma vie, je n'ai jamais faite. Le « mon oncle » qui veut faire son *cool*, que je me dis. Tellement pathétique. Et mes petites habitudes, mes petits *patterns* qui seront perturbés. Mes entraînements en vélo, ceux dans les escaliers du cap Blanc. Mes bons repas et les rituels qui les accompagnent, tel celui de la consommation quotidienne de vin. Oh ! ce dernier point m'énerve. M'interpelle plus que les autres. Et si j'étais alcoolique ? Incapable de m'en passer ? Je me suis souvent posé la question sans vraiment vouloir y répondre. Beaucoup plus simple. Il y a des choses dans la vie qu'on préfère ne pas savoir. Mais le vin, ça coûte cher. Avec 592 dollars par mois, aucune place pour ce genre de luxe.

On me pose des questions, plein de questions. Sur ce que je ferai ou ne ferai pas. Sur différents scénarios possibles. Je n'ai pas de réponses. Habituellement, j'en ai toujours. On me paie pour ça. Je n'ai même pas de réponses à mes propres questions. Je mène quelques recherches, glane ici et là certaines informations utiles, mais pas plus. C'est l'inconnu. Totalement. Je lâche prise. C'est la seule solution. Je n'essaie plus de contrôler et j'essaie de me faire confiance aveuglément. Pour une rare fois dans ma vie.

Et puis, Montréal est loin d'être une étrangère pour moi. Depuis toujours, je la côtoie, la fréquente. Pour le travail, avec Cossette à l'époque, ensuite Olive, l'agence que je dirigeais et qui donnait sur le square Victoria. Pour le sport, dans mon plus jeune temps, avec le volleyball. Pour l'amour, avec Elena, avec qui j'ai passé trois ans. Pour le jazz, avec son fabuleux festival. Mais ma relation avec Montréal a toujours été ambiguë. Comme cette expérience de naufragé, elle m'attire et me repousse. Montréal m'excite et m'énerve. Les paradoxes, toujours. On se *cruise* depuis des années, mais on n'a jamais baisé ensemble. Sans doute que l'amour de Québec me retient, m'empêche de passer à l'acte.

Le 3 mai approche. Plus que quelques jours. Je me sens bien. Je suis résigné. Reste maintenant à apprivoiser l'aspect production, tant l'équipe que les exigences techniques. Je suis un peu anxieux. C'est quand même avec eux que je passerai les deux prochains mois. Par sur une base quotidienne, mais assez souvent et long-temps pour, le cas échéant, s'envoyer gentiment promener.

Ils arrivent à l'appartement. Non. Ils « débar-quent » serait plus approprié. Quatre personnes lourdement équipées. Dans le milieu, on dit que c'est une production légère. Eh bien! je les crois sur parole. Je connaissais un peu le domaine de la production télévisuelle du fait de mes anté-cédents en agence. Je savais à quoi m'attendre, mais de voir tout cet attirail pour me prendre la binette! Ça surprend toujours un peu. Mon petit quatre et demi n'en aurait pas pris davantage.

Commence alors une journée longue, mais somme toute agréable. La mission de l'équipe de production est simple. Dresser un portrait de ma personne et de mon univers en insistant sur les éléments qui rappellent bien ma condition de bon bourgeois. Je joue le jeu. Je comprends les impératifs de la télévision et la volonté que le contraste, une fois naufragé, soit le plus prononcé possible. Il ne s'agit pas de mentir, mais de colo-rer la vérité.

Tout y passe. Il ne manque, au passage, ni ma chemise rose très m'as-tu vu, ni ma Volvo rouge, ni mon Westfalia. Pour ce dernier, comment aurait-il pu le taire? Achetée neuve en 1990, cette maison sur roues compte plus que n'im-porte quoi d'autre. Jusqu'à l'adolescence, mes enfants y ont passé leurs étés, aux quatre coins de la province. Les incroyables anniversaires de ma fille, le 10 août, dont un, campés dans les champs de chevreuils à l'île d'Anticosti. Les innombrables week-ends passés à la pointe du bout-d'en-bas à l'île aux Coudres, où ils s'endormaient dans nos bras, face au feu et au fleuve. Leur complicité, conduisant même mon gars à jouer aux Barbies avec sa sœur. Pas très délicat avec les vêtements des poupées, il leur infligeait un traitement cruel, des postures pas toujours orthodoxes. Des souvenirs impérissables qui s'accumulent encore et se multiplient au fil des années. Le Westfalia, c'est tout ça. Difficile alors de le taire.

Les images tournées, les scènes réalisées, arrive l'entrevue de fond. Celle à propos de laquelle je pourrai toujours dire que j'ai été cité hors contexte. J'étais préparé, mais n'avais qu'une vague idée des questions que la réalisatrice me poserait. Arrive alors la question à laquelle on ne s'attend pas. Pas une question qui tue, mais qui oblige à dire les vraies choses. Celle-ci portait sur ma volonté, durant ces deux mois, d'aider les gens, de les assister. À regret, j'avoue que je n'ai ni cette volonté ni cette intention. Je me contenterai de sauver ma peau. Du reste, je ne suis pas particulièrement empathique. Mon côté Mère Teresa n'a jamais réussi à prendre racine. J'admire et j'apprécie les intervenants de premier niveau. Ceux qui agissent directement auprès des personnes pour les écouter, les soutenir et leur prêter main-forte. Cette tâche exige un sens du sacrifice et de l'engagement plus aiguisé que le mien.

Mon intérêt se situe ailleurs. Mon aide se manifeste de différentes façons. Je préfère utiliser mes forces plutôt qu'exposer mes faiblesses. Encore faut-il les connaître ou avoir le courage de se les avouer. La communication demeure mon métier. Je crois qu'au fil des ans, j'ai acquis certaines compétences. Parallèlement, ma volonté de servir les intérêts marketing des grandes entreprises ou organisations a faibli, mais pas mon désir de communiquer. Les questions sociales me fascinent. Les inégalités et les injustices m'irritent. Je suis un passionné qui carbure aux idées, aux opinions et qui ne se gêne pas pour les exprimer. Ces ingrédients un peu explosifs ont donné naissance à l'IRB. Une idée folle, mais un désir légitime ainsi qu'une volonté d'acier d'évaluer le bonheur, de le comparer et de déterminer les facteurs qui l'influencent.

Mon but est de faire du bonheur une variable qui compte, de le sortir de l'ésotérisme et de la psycho pop auxquels on l'associe. D'en faire un paramètre qui complète les éternelles données économiques et financières. Qui permet, ultimement, de porter un jugement plus éclairé sur l'état d'une société, d'une collectivité, et contribue, indirectement, à les améliorer.

C'est de cette façon que j'ai choisi de m'impliquer, de tenter, dans la mesure de mes moyens, de contribuer à faire évoluer la société. Mine de rien, au fil des cinq dernières années, l'IRB est devenu une sorte d'observatoire social indépendant, posant plus de 700 questions à près de 50 000 Québécois. Nageant tous les jours dans un océan de statistiques, je considère comme une chance de pouvoir, pendant deux mois, me baigner dans son contraire. Goûter une expérience réelle, concrète, unique. Je souhaite apprendre, expérimenter, vivre. Je ne plonge pas dans cette aventure pour me rendre intéressant dans les soirées mondaines. Je suis tellement sauvage de toute façon. Je souhaite provoquer une cassure et voir ailleurs si je peux exister.

L'équipe de production repart à la fin de cette journée avec toutes les images voulues. Je suis soulagé. Le courant a bien passé entre nous. Ils sont sympathiques, respectueux et intéressés à travailler avec moi. Je réalise aussi combien lourde et intrusive est la production d'une série télévisée. Rien n'est simple. Tout est long. Des détails qui m'apparaissent insignifiants deviennent primordiaux. Il faut m'armer de patience, une caractéristique qui me définit bien mal. Je sais un peu plus à quoi m'attendre. Ne me reste qu'à traverser le dernier week-end.

Durant ces deux jours, mon état d'esprit et mes sentiments fluctuent. Du condamné partant pour l'abattoir au privilégié s'offrant une aventure unique. Je quitte l'appartement. Seul dans ma voiture, j'espère que la route entre Québec et Montréal sera, une fois de plus, salvatrice.

2

Un saut dans le vide

L'ÉQUIPE DE PRODUCTION se pointe dès 7 heures du matin sur la rive sud du fleuve. Je suis en forme et n'ai point abusé la veille. Il aurait été facile et tentant de m'étourdir un peu avec mon vieux pote chez qui je couchais, mais la raison ne s'est pas laissée dominer. Je la redoute, cette première journée. Plus que toutes les autres. Elle sera fertile en émotions et chargée. J'aurai besoin de tout mon petit change pour passer au travers. Vaut mieux alors posséder toute sa tête, s'assurer d'avoir fait le plein d'énergie.

Je ne peux et ne veux plus reculer. Malgré les discussions de circonstance avec les membres de l'équipe de production, je suis concentré, dans ma bulle. J'ai un plan qui se résume à une seule idée. Me trouver, d'ici la fin de la journée, un endroit ou crécher. Un logement ou une chambre pour quelques semaines. Idéalement, pour les deux mois que durera l'expérience. Je connais mon impatience et n'ai aucune envie de poireauter

deux ou trois jours. De tergiverser entre un choix
et un autre avant de me brancher et de flamber
au passage plusieurs dizaines de dollars dans des
endroits miteux ou des hôtels de passe. Cette
dernière possibilité m'effraie et elle ne fait pas
partie de mon plan. Point à la ligne. De toute
façon, je n'en ai pas les moyens.

Je sens de la fébrilité dans l'air, tant de mon
côté que de celui de l'équipe de production. La
remise officielle se fait. Une enveloppe conte-
nant 592 beaux dollars. Elle me remet aussi une
petite caméra HD afin qu'en leur absence je
puisse filmer des scènes pertinentes, enregistrer
mes impressions sur ce que je vis. Je leur remets
en échange mes cartes de crédit, de débit, mon
Blackberry et mes clés d'auto. Le contenu de
mon sac est conforme. Quelques vieux tee-shirts,
deux jeans, des chaussettes, un imperméable, des
sandales et mon kit de toilette. C'est parti, mais
je n'ai pas carte blanche pour occuper ma journée comme je l'entends. Que non! La production a également son plan et je dois composer
avec. Nos priorités sont différentes. Elle cherche
à faire de belles images symboliques, je cherche
un toit pour la nuit.

La production veut utiliser le pont Jacques-
Cartier. Me voir le traverser pour symboliser
mon arrivée à Montréal. J'adhère à l'idée sans
me douter de l'infinie longueur de cette scène.
Le pont Jacques-Cartier est magnifique. Les

panoramas y sont saisissants, mais passer dessus
quatre heures à le marcher, en avant, à reculons,
au début, au centre avec mon sac en permanence
sur le dos, le joli pont, je finis par en avoir marre.
Du bruit et des camions qui te décoiffent au
passage et te rappellent que les tremblements
de terre existent. Près de cinq kilomètres de
marche. Je deviens impatient. Davantage lorsque
je vois les heures s'envoler. Un temps précieux
qui aurait pu servir à chercher un toit pour la
nuit. Je demeure gentil malgré tout, mais je fais
comprendre ma préoccupation à l'équipe. Pas
besoin d'insister. Ils comprennent. Ils le savent.

Déjà 11 heures lorsque j'arrive à Montréal.
Je ne souris pas. Je ne souris plus. Le temps file.
Les heures deviennent des minutes. Direction
Grande Bibliothèque pour utiliser un ordinateur et faire mes recherches sur Kijiji. Horreur!
La Grande Bibliothèque, ce bijou, est fermée
le lundi. Mais à quoi pensent-ils? Pourquoi
fermer un lundi? Madame Bissonnette et ses
sbires devraient pourtant savoir. Que c'est précisément ce jour-là de la semaine que l'utilisation
d'Internet est la plus élevée. Qu'elle diminue de
presque la moitié les week-ends. Il me semble
qu'une plus grande utilisation d'Internet le lundi
signifie que les besoins sont plus grands cette
journée-là. Logique, non? Fermer alors que les
besoins sont les plus grands! Le gars de marketing ne comprend pas trop. Enfin. J'ai d'autres

priorités et mon problème n'est pas réglé pour autant. Je dois me trouver un poste Internet. Il y a bien les cafés, mais en cette première journée, avec si peu d'argent pour le reste du mois, je suis plutôt radin. Je n'ai pas la dépense trop facile. J'utiliserai les cafés en dernier recours.

Je déniche une bibliothèque municipale dans le même secteur. C'est drôle, elles sont ouvertes le lundi. Mais n'ayant pas d'adresse à Montréal, je ne peux devenir membre et utiliser un ordinateur. En expliquant ma situation et tirant profit de la compassion naturelle des femmes, j'obtiens une heure d'utilisation gratuite. Le sprint commence.

Ma connaissance de la ville me confère un avantage. J'avais préalablement déterminé les secteurs dans lesquels je désirais habiter et ceux aussi où je ne voulais sous aucune considération me retrouver.

Avec les billets à 2,75 dollars chacun et la carte mensuelle de la STM à 70 dollars, je savais que le transport en commun n'était pas une option pour moi. Trop cher. J'avais ciblé des quartiers centraux desquels je pourrais tout faire à pied ou à vélo, ou presque.

Mon temps à la bibliothèque est écoulé. J'ai une bonne quinzaine d'adresses et de numéros de téléphone. Je m'installe dans la cabine téléphonique la plus proche et croise les doigts. Plus de boîtes vocales que de voix humaines, mais je réussis à obtenir cinq rendez-vous dans la journée même. Je dois faire vite. Très vite. Les offres sur Kijiji, surtout celles pour des chambres ou des colocations de courte durée, s'envolent en quelques heures.

Depuis 7 heures ce matin, l'équipe de production ne me lâche pas d'une semelle. C'est lourd. Je profite de leur pause-dîner pour me défiler, me faire violence et aller faire un tour. À la Maison du Père. Je veux assurer mes arrières. Avoir un ultime recours si mes recherches ne donnent aucun résultat. C'est très propre, la réception du moins. La personne qui me reçoit, impressionnante tant par sa taille que par le calme qu'elle dégage, est d'une grande amabilité. Elle m'informe que la Maison du Père est un refuge de nuit. Que les places sont limitées (soixante personnes) et qu'elle fonctionne selon le principe du premier arrivé, premier servi. Les portes ouvrent à 15 heures. Une fois entré, on n'en sort que le lendemain matin, car on veut s'assurer de la sobriété des résidents.

Déjà, une heure avant l'ouverture, une bonne dizaine de clients dont plusieurs itinérants attendent. Certains avec des comportements bizarres. Je ne me sens pas bien. C'est simple, je suis incapable de côtoyer cette misère. Elle m'agresse, me perturbe. J'en perds mes moyens. C'est comme ça. Je n'arrive pas à comprendre comment on parvient à vivre dans cet état et ne peux imaginer que je pourrais un jour m'y retrouver. C'est vraiment le fond du baril. Je quitte rapidement les lieux en me promettant bien de me trouver un toit d'ici quelques heures.

Au fur et à mesure que la journée avance, mon plan de base devient une idée fixe, une obsession presque. Je réalise l'importance de la notion de sécurité. Dans ma vie normale, cette notion ne m'effleure jamais l'esprit. Son importance croupit quelque part, enfouie, loin dans mes priorités. Elle demeure cependant fondamentale, mais latente et prête à jaillir, comme le feu qui couve. Me retrouver dans une situation précaire, sans endroit où me loger, m'insécurise au plus haut point. Ce besoin de sécurité ressurgit spontanément. Trône maintenant au sommet de mon échelle de priorités. Il devient même le seul qui compte, occultant tous les autres, même celui de me nourrir. Maslow avait encore une fois raison.

L'obsession de combler ce besoin de base, j'en suis conscient, peut me faire prendre de mauvaises décisions. Des décisions uniquement motivées par mon désir de l'assouvir le plus rapidement possible. Je m'en fous. Je vivrai avec les conséquences. Je préfère m'adapter à une situation imparfaite et potentiellement désagréable plutôt que maintenir et supporter, ne serait-ce que pendant vingt-quatre ou quarante-huit heures, ce sentiment d'insécurité.

Quelle légèreté de ma part d'avoir négligé ce facteur qui figure dans l'IRB parmi les vingt-quatre qui influencent le bonheur. J'ai posé la question et l'incidence sur le bonheur est présente, mais je l'ai sous-estimée. Pas cru pertinent de l'inclure. Dans peu de temps, il y en aura vingt-cinq de ces facteurs. Juré craché. Dans d'autres endroits, certains pas très loin, il serait impossible de considérer ces facteurs sans attribuer une place prépondérante à la notion de sécurité. Pas compliqué. Il faut toujours sortir de son confort, se heurter à ses propres limites pour apprécier les avantages et les privilèges que l'on possède. Je devrai m'en souvenir.

Mon escapade à la Maison du Père n'a pas duré longtemps. Je rejoins l'équipe de production. Je suis tendu, inquiet. Le temps file. Sans doute un peu coupables de m'avoir fait perdre l'avant-midi avec ma promenade sur le pont et empathiques à ma cause, ils me donnent un coup de main. Ils souhaitent tourner des images me voyant chercher une chambre. J'ai besoin d'un moyen de transport rapide pour m'y rendre. Une situation *win/win*, comme on dit en bon français.

Il est 15 heures passées. Je me pointe à mon premier rendez-vous, à la limite des quartiers Centre-Sud et Hochelaga-Maisonneuve. Jeune trentaine, l'homme qui me répond est sympathique. Regard franc et direct, poignée de main solide, teint foncé, cheveux noirs et denses, sa tête laisse deviner une ancienne coupe mohawk qu'il a cessé d'entretenir.

L'appartement ne paie pas de mine. Sombre, sale et mal éclairé, le salon est encombré d'instruments de musique et d'amplificateurs. Pas de lit ni de commode dans la chambre à louer, mais encore des instruments de musique et une magnifique batterie. Il fera de la place pour un lit qu'il me dit et me glisse au passage que lui et son coloc, un batteur, sont musiciens. Ils jouent dans un band. Plus que douteuse, la propreté de la salle de bain et la minuscule toilette en décourageraient plus d'un. Ma visite se termine avec la cuisine. À l'image du reste, mais aucune vaisselle ne traîne sur le comptoir, seul signe encourageant de ma tournée éclair. Stressé, pressé de visiter le plus d'endroits possible, je ne reste que trois ou quatre minutes dans cet appartement. Avant de quitter, Alex m'indique que je dois lui donner une réponse rapidement. Déjà deux autres personnes ont montré de l'intérêt. À 350 dollars par mois pour ce que j'ai vu, mon intention est de me dénicher quelque chose de mieux, idéalement moins cher. Mais je préfère garder toutes mes options ouvertes. Je lui demande de me donner un délai jusqu'à 17 heures. Il accepte.

Le temps court. J'essaie de demeurer positif. Mon prochain rendez-vous est dans l'est de la ville, près du Stade olympique. Pas vraiment un secteur qui m'enchante. Pour toutes les raisons. La distance du centre-ville, la nécessité d'utiliser le transport en commun pour m'y rendre, l'isolement. Mais dans ma situation, je ne peux faire le difficile. L'homme qui me répond est bizarre. Son appartement est correct, sans plus. Autant le contact avec Alex avait été cordial et chaleureux, autant celui-ci est moche. Après quelques minutes, je sais que je ne resterai pas ici. L'individu a des problèmes psychologiques, c'est certain. Il est confus, perturbé. Le meilleur terme pour le décrire serait « fucké ». Incapable de le blairer. Je quitte rapidement en mettant un gros X sur cette adresse.

Le troisième endroit se situe à mi-chemin entre les deux précédents. Même principe de colocation. Une femme cette fois, louant à la semaine ses deux chambres disponibles. C'est nettement mieux, mais je m'étais gouré. À la fin de ma visite, la dame m'apprend que la chambre ne sera libre que le week-end prochain. Je quitte. Un peu déçu et davantage stressé. Il est plus de 17 heures. Mon besoin de sécurité s'intensifie d'un cran. Différents scénarios commencent à surgir dans mon esprit. Je ne veux pas trop y penser.

L'équipe de production m'attend dehors. Ils veulent évidemment connaître mes impressions. Pas trop chaud à l'idée d'étaler mes états d'âme devant la caméra, mais ça fait partie du contrat. Personne ne m'a dit que ça serait toujours facile.

Le prochain rendez-vous est dans une heure. Déjà 17 heures. Je dois donner une réponse à Alex. Si j'étire le temps, je risque de perdre ma place et je ne sais pas de quoi ont l'air les prochaines chambres. Je suis coincé, bousculé. Je ne sais pas si je dois prendre une chance, pousser d'un cran ma *luck* comme on dit. La question est simple, mais pas la réponse. Est-ce que je m'engage à demeurer un mois minimum dans un appartement crade où je n'ai passé que quatre minutes? Un mois à vivre avec deux individus, dont un que je n'ai jamais vu. J'ai besoin de réfléchir, mais vite.

Tous les membres de l'équipe de production assistent à mon questionnement. Du gros direct. De la vraie réalité. Ils sont empathiques. Ils ont vite compris l'importance de mon besoin de sécurité. De la nécessité de le combler en trouvant un endroit où demeurer. Je demande leur avis, mais ils se font discrets, évasifs, leur rôle et le but de l'émission leur dictant cette attitude. C'est décidé. Je plonge. J'appelle Alex et confirme que je loue la chambre pour le mois de mai. Il m'attend dans la demi-heure, car il est obligé de s'absenter pour la soirée. Je demeure inquiet, mais suis soulagé. Je respire mieux.

L'équipe de production me reconduit à l'appartement. Leur journée de travail est terminée.

Pas la mienne. Alex discute dehors avec un autre gars, à cheval sur sa bécane. Il me le présente. C'est Claude, l'autre coloc. J'ai comme un choc. Plus vieux un peu qu'Alex, Claude a une tronche qu'on n'oublie pas. Mince, barbe mi-blonde, mi-brune, forte, longue et dense, des genres de rastas qui s'échappent d'un turban bleu turquoise délavé. Ses yeux sont époustouflants. D'un bleu presque irréel, qui regardent droit dans les tiens. Un manouche version Bob Marley. Je n'ai aucune difficulté à imaginer de nombreuses femmes à ses trousses.

Il doit partir. Bon contact, mais j'ai senti un questionnement dans son regard et son sourire. Une certaine suspicion amusée qui semblait dire : «Mais c'est qui ce gars-là ? D'où sort-il ?» Alex me remet les clés de l'appartement, on jase un peu. Il précise que son band jam parfois à l'appartement, mais qu'ils ne jouent pas trop tard. Je le crois sur parole. Il est *cool* et sympa. Je sens tout de suite une bonne vibration passer entre lui et moi. Je suis à l'aise, autant qu'on peut l'être dans une telle situation. Reste la question du lit à régler. Il m'explique que Phil, le gars de l'appartement d'en haut, a un matelas. Qu'il viendra me le porter durant la soirée. Avant mon arrivée, il a pris le temps de ramasser une partie des instruments de musique et la batterie qui squattaient dans ma chambre. Ça rend le salon encore plus encombré, si on peut appeler cet espace un salon.

Mais bon, je suis content, j'ai un toit. C'est tout ce que je demandais.

Avant qu'il ne parte, je lui remets le loyer du mois, 350 dollars. Ça fait mal. Il ne m'en reste que 234 dollars pour vingt-huit jours, mes dépenses de la journée s'élevant à 8 dollars. Je n'ai mangé qu'un sandwich en vitesse et j'ai fait quelques appels téléphoniques. Si mes calculs sont bons, ça représente 8,35 dollars par jour pour le reste du mois. Cette situation m'insécurise, mais pas de la même façon que pour le logement. Je fais une distinction importante entre ma sécurité corporelle et ma sécurité matérielle. Cette dernière n'est pas aussi viscérale et fondamentale. De plus, j'ai confiance. De me trouver une job. Ramasser l'argent nécessaire pour me rendre à la fin du mois. Pas de place cependant pour la moindre petite folie ou gâterie. Il y a à peine de quoi assurer le minimum vital.

Alex et Claude partis pour la soirée, je me retrouve seul dans l'appartement. Je prends le temps d'apprivoiser les lieux, de pousser plus loin mon inspection. Elle confirme et renforce ma première impression. Vraiment pas vargeux. Je fais une marche dans le coin. Pour sentir, palper, découvrir mon environnement immédiat. Je connaissais un peu ce secteur. Ma copine Elena demeurait pas trop loin. Je suis près de tout. C'est parfait. Mes deux jambes seront mon véhicule.

La soirée avance et toujours pas de nouvelles de Phil, le gars d'en haut. Au bruit et à la musique qui descend de son appartement, je suis sûr qu'il y est, qu'il n'est pas seul, mais j'hésite à me pointer. Je m'interroge également sur l'état du matelas et sa propreté. La fatigue de la journée m'envahit progressivement. Le sommeil me gagne même s'il est encore tôt. Je patiente un peu, mais au bout d'un certain temps, je monte. Le party est bien pris en haut, mais Phil, averti par Alex, se libère sur-le-champ. Plus jeune, bonne bouille, crâne rasé et très Yo, il est le portrait type du mâle alpha.

Un voyage pour le sommier et un autre pour le matelas, et le tour est joué. J'ai maintenant un lit et l'état tant du matelas que du sommier efface mes craintes. Phil en profite pour me jaser un peu. Il est intelligent, ça se voit tout de suite, même s'il n'est pas tout à fait sobre. Comme Alex avant lui, il me pose les questions d'usage. Ce que je fais dans la vie, pourquoi je me cherche une chambre, etc. Mal à l'aise dans le mensonge, mais contraint d'y recourir, je demeure évasif, fuyant. Je lui raconte que je viens de Québec. Laisse comprendre que j'ai tout plaqué, que je devais opérer un changement dans ma vie, qu'elle n'allait pas comme je le souhaitais. Je ne donne pas de détails. Je lui laisse le soin de les imaginer, mais il n'est pas du genre à s'en faire pour si peu.

Mort de fatigue, j'essaie quand même d'écrire un peu dans mon journal de bord avant d'aller au lit. Mes premiers mots. J'y note ce qui suit : « J'ai possiblement opté pour l'un des pires appartements qui soient, mais c'est probablement le meilleur pour m'embarquer et me plonger totalement dans le projet. Pour me familiariser avec des conditions minimales d'existence et côtoyer la marginalité. Mon plus gros défi sera de m'en satisfaire. »

Mon besoin de sécurité est presque revenu à son niveau normal. Dans les vingt-quatre dernières heures, il est passé de presque nul à extrême pour redescendre à faible, ou presque. C'est fou comment une situation totalement inhabituelle peut exacerber des besoins, provoquer des réactions intenses et justifier des comportements imprévisibles. Je l'avais prévu. De le vivre me le fait apprécier.

J'ai faim, mais je suis trop crevé. Je me couche. Qui dort dîne.

3

Entraîné dans un tourbillon

MA PREMIÈRE NUIT a été tranquille. J'ai bien dormi, malgré l'absence de rideau. Je suis reposé, mais affamé, et n'ai strictement rien à manger. Les déjeuners sont mes repas préférés. Incapable de m'en passer. Pas le temps d'aller à l'épicerie, j'essaie le duo café/McMuffin à 3,49 dollars au McDo du coin. Le montant à payer s'élève à 4,85 dollars. Je demande à la caissière la raison de la différence. Elle me dit, d'un air tout naturel, que l'offre spéciale annoncée ne comprend pas l'œuf. Pas d'œuf! J'ai dû mal comprendre. L'œuf n'est-il pas l'élément constitutif d'un McMuffin? J'ai trop faim et n'ai aucune envie d'argumenter avec la jeune fille. J'engouffre le McMuffin et confesse que j'en ai rarement mangé un aussi bon.

De retour à l'appart, Alex est debout. Il se prépare un café dans la cuisine. J'ai du temps, lui aussi. On pique une bonne jasette. Je ne sens pas l'habituelle barrière du début d'une relation et

la conversation s'élève bien au-delà des conditions météo. J'ai des choses à cacher. Je me fais
donc plus discret et lui laisse toute la place. Son
histoire et son parcours de vie se révèlent fascinants. Une vie dominée par la musique et la création, avec des hauts vertigineux et des bas abys-
saux. Son ancien band a déjà joui d'une certaine
popularité au Québec. Probablement même que
mes enfants l'ont connu, me lance-t-il. L'évoca-
tion du nom de ce band me sonne aussitôt les
cloches. Effectivement, je me rappelle qu'ils m'en
ont parlé et m'ont fait écouter quelques-unes de
leurs tounes. Je réalise une fois de plus que mes
enfants m'ont apporté beaucoup et que, par leur
curiosité, leur ouverture et leur volonté de me
faire partager leurs découvertes, ils m'ont gardé
jeune. Les deux étant maintenant partis de la
maison, je devrai lutter pour ne pas m'encroûter,
pour rester ouvert et à l'affût.

Je suis un peu impressionné. Me voilà à partager l'appartement d'une ex-vedette de la chanson
québécoise underground. Tiens, mon petit côté
groupie qui ressort, que je me dis. La discussion,
intense et authentique, se poursuit pendant près
de deux heures. Les dernières années n'ont pas
été faciles pour Alex, les creux occupant de plus
en plus de place et les sommets n'étant plus que
des souvenirs. Il est à la fois solide et fragile.
Intelligent, cultivé, conscientisé et ouvert, il s'accroche, sachant que le meilleur est devant, que

son passé, qu'il n'oublie pas, le servira éventuellement. Il est lucide, mais confie que les temps
sont difficiles, financièrement surtout. Pour la
première fois de sa vie, il a dû, pendant deux
mois cet hiver, recourir à l'aide sociale.

Comme tous les passionnés, Alex vit intensément. Les joies, les peines. Les hauts, les creux.
La création et la musique le tiennent en vie.
« C'est comme pondre un œuf. Créer, c'est puissant, plus puissant que n'importe quelle dope »,
m'avoue-t-il. Parlant de sa musique, il me dira
qu'il ne cherche que des suites d'accords qui font
du bien. Selon les standards sociaux officiels,
Alex est une personne pauvre, mais il est loin
d'être une pauvre personne.

Il quitte l'appartement et j'en profite pour
faire ma première épicerie. Même si j'ai une idée
précise de ce que je veux manger, je passe une éternité à me promener dans les allées, cherchant les
produits, comparant les prix et hésitant à mettre
des articles dans mon panier. Jamais il ne m'aura
fallu autant de temps pour me taper une épicerie
de 27 dollars. En plus des ingrédients nécessaires
à ma fricassée, je dois penser aux déjeuners et à ce
qui va avec. Café, lait, pain, fromage, etc. La facture
grimpe vite. L'idée de la fricassée m'est apparue la
veille. Mon intention est double. Manger pour
pas cher et en faire profiter mes colocs. C'est plus
fort que moi. Pour me faire accepter sans doute,
pour me faire apprécier aussi, je suppose. Je suis

l'intrus. Je ne l'oublie pas. J'aime aussi cuisiner et me débrouille pas trop mal. Pourquoi alors ne pas mettre mes talents au service du groupe. Ce sera mon souper de bienvenue.

À mon retour, Claude est assis à la cuisine, concentré dans la lecture du journal. Je ne lui ai parlé que deux minutes hier sur le trottoir. On se salue. Je déballe mon sac et place mes emplettes dans le réfrigérateur qui ressemble davantage à un désert. Je comprends que la bouffe n'est pas une priorité. La conversation s'engage. Encore sur les sujets convenus et encore une fois je dois mentir et raconter les mêmes histoires que la veille. Je déteste.

Je découvre avec étonnement une personne profondément humaine, des plus attachantes et très allumée. Mes préjugés sont bousculés. Au bout de dix minutes à peine, la conversation délaisse le convenu pour le contenu. Les actualités y passent, les gouvernements, la société, mais aussi le hockey. Claude est un fan de hockey et des Canadiens. Exactement comme moi. Enfin, je peux parler hockey avec quelqu'un qui connaît ce sport. Hausser la discussion à un niveau qui dépasse les habituels clichés. Et il y a match ce soir. Crosby et sa gang de pingouins. Comme il n'y a pas le câble dans l'appartement et qu'on ne dispose que d'une vieille télé grosse comme ma main, c'est en haut chez Phil qu'ils écouteront le match. J'y suis évidemment convié.

Je quitte pour rejoindre l'équipe de production. Mes curieux à kodaks. Ils veulent recueillir mes impressions concernant ma première soirée et ma première nuit. Pas de problème, mais ma préoccupation est ailleurs. Je leur fais part de mon inconfort à cacher qui je suis, à esquiver les questions ou à carrément mentir alors qu'eux se livrent sans retenue. Il ne fait aucun doute dans mon esprit que je ne peux continuer longtemps ainsi. La vérité doit sortir et le plus tôt sera le mieux. De toute façon, la volonté de l'équipe de tourner des images dans l'appartement ne me donne guère le choix. C'est décidé. Je profiterai de la partie de hockey, alors que je serai avec Alex, Claude et Phil pour m'expliquer.

L'aveu de qui je suis, l'explication de la série télévisée et tout ce qu'elle comporte m'angoissent. Je me sens comme un imposteur, un voyeur. Le courant passe tellement bien avec mes colocs que j'ai peur de briser cette confiance à peine naissante, de changer la dynamique qui s'est si rapidement installée. Les prochaines semaines risquent d'être longues et pénibles s'ils boudent ma situation.

Je m'installe dans la cuisine et prépare ma fricassée. J'ai préalablement nettoyé le comptoir histoire de travailler dans un environnement propre. Des patates, des carottes, du siam, des oignons et du steak haché, mélangés et arrosés de sauce tomate. Pas compliqué, pas cher et excellent.

Mais il faut quand même les peler les légumes, et les faire bouillir. Un contrat, quand on veut avoir de grosses quantités. Concentré dans mon travail, je ressens soudain une sensation bizarre sur ma fesse gauche. Je me tourne et le cœur me fait trois tours. Un immense pitbull qui me sniffe et m'examine de la tête au pied. C'est le chien à Phil. Ce dernier apparaît dans le cadre de la porte arrière. Pas malin, qu'il me dit, mais je ne suis pas complètement rassuré. Je garde mes distances et ne familiarise pas trop avec la bête.

Même s'il demeure en haut, Phil se réjouit qu'enfin quelqu'un s'occupe de la popote. On placote un peu et il m'explique sa relation avec Alex. J'essaie de percer ce numéro, d'allure hyper *cool*, casquette vintage des Expos de travers sur la tête, veste *old school* des Canadiens sur le dos, toujours farceur, vif d'esprit et qui ne manque jamais une occasion d'en découdre et de placer à gauche et à droite des petits jabs qui portent. La fricassée, finalement, est prête. Il est le premier à y goûter. Sa réaction m'assure d'un succès. On se donne rendez-vous dans une heure pour la partie de hockey.

Alex et Claude se pointent à l'appartement un peu avant 19 heures. Sitôt arrivés, ils montent chez Phil. Je les suis, un peu nerveux. Parce que c'est la première fois que j'y mets les pieds vraiment et à cause des explications que je dois leur donner. Ce sera entre la première et la troisième période. Ils sont là, tous les trois. Le pitbull est bien sage. La bière est abondante, mais je n'en ai pas. Il m'en offre. Ils en prennent. Plusieurs. Le joint circule. Je prends une pof ou deux. Le match est intense, mais je demeure centré sur mon annonce. Soudain, un ami arrive, puis un autre. Nous sommes maintenant six. C'est foutu, je ne peux plus leur dire qui je suis. De toute façon, leur état et un peu le mien ne s'y prêtent plus vraiment.

J'alterne l'eau avec la bière qu'ils m'offrent. Je me sens tellement *cheap*. Les amis n'arrêtent pas d'arriver. Nous sommes une bonne dizaine et l'ambiance est hockey et survoltée. Quel match! Halak est fumant. Chaque but du Canadien est célébré à grands cris, les *high five* n'ont plus de fin et le dépanneur d'à côté fait des affaires d'or. On en a tous contre Crosby avec sa « baby face », qui ne cesse pas de se plaindre. Alex le surnomme Crosbitch, nom qu'il conservera jusqu'à la fin. Le match est serré et l'intensité n'arrête pas de grimper. La fin approche. Tout le monde est debout. Enfin, la sirène retentit. Le Canadien gagne et la série est égale 2 à 2. On est tous contents. Vraiment. Réellement. C'est fou l'effet de ce club sur le moral des troupes.

Le party est solidement pris. Je n'arrive pas à compter combien nous sommes. Des individus que je vois pour la première fois. Presque tous des musiciens. Je pourrais être leur père, mais personne ne me le fait sentir. C'est comme si j'étais un des leurs. Alex invite la gang à descendre à son appartement pour un tournoi de poches. Un tournoi de poches ? Je ne suis pas certain de bien saisir, mais tout le monde est d'accord et descend, avec enthousiasme. Avant qu'il ne soit trop tard, plusieurs en profitent pour faire un dernier arrêt au dépanneur. Pas moi.

Alex sort effectivement un jeu de poches, l'installe dans le fond de la cuisine, trace une ligne sur le plancher du salon avec du tape électrique et c'est parti. C'est la fête. La bière circule et j'en quête une ou deux, le *weed* aussi et j'en tire une ou deux. Tous, ou presque, fument la cigarette. L'appartement baigne dans une sorte de brume qui n'est pas sans rappeler des scènes du film *CRAZY*. L'ambiance est vraiment *cool*. Je suis bien. À chacun son tour de lancer les poches. Entre les tours, certains grattent une des nombreuses guitares qui traînent dans le salon. Assise dans la cuisine, Sylvia, juste en face de moi, s'installe avec la sienne. Elle a une belle voix. Une voix douce et juste. Je l'écoute, les yeux fermés. Je ne souhaite qu'une chose, qu'elle continue. Soudain, elle se met à chanter *A Horse with No Name*. Tout se bouscule dans ma tête. Des *flashbacks* me ramènent trente ans en arrière. Elle ne peut savoir ni comprendre l'effet que cette chanson produit sur moi. Je la regarde avec un sourire. Elle me le rend gentiment et continue de chanter. À ce moment, je n'aurais voulu être nulle part ailleurs.

Le party n'est pas près de se terminer et la faim gagne du terrain. La marmite de fricassée, encore sur le rond, est trop tentante. Ils n'ont pas à me le demander. Pour tout ce que j'ai bummé. En quelques minutes, ma réputation est confirmée. Je suis le roi de la fricassée.

La nuit s'étire, la gang se disperse, les effets se dissipent. Je me retrouve seul avec Alex, dans une cuisine qui ressemble davantage à un champ de bataille. L'envie de lui avouer qui je suis refait surface, c'est plus fort que moi. Je suis nerveux. Le consultant habitué et habile à faire des présentations ne sait pas trop comment s'y prendre, par où commencer. Je bredouille, emprunte des détours, évoque l'IRB, explique la série télévisée, l'informe sur ma vie, le tout, dans un désordre qui frôle l'incohérence. Ma pire présentation. Alex me regarde et m'écoute, l'air un peu ébahi et hébété. Son langage corporel et ses questions m'indiquent qu'il ne comprend pas tout. Après une bonne dizaine de minutes, la situation apparaît plus claire, mais nécessite encore des explications. Il trouve le projet *cool* et intéressant et m'invite à finir la soirée à *L'Apôtre*, le petit bar tout près, pour en parler davantage. Je suis fatigué, mais comment refuser ? L'occasion est trop belle. Nous convenons de rapidement informer Claude et Phil.

Je me réveille en forme et pas trop amoché de la soirée d'hier. J'ai quand même été raisonnable. Je me demande si cette soirée était la norme ou l'exception. Les prochains jours me le diront. Claude est déjà parti. Je lui annoncerai la nouvelle plus tard ce soir. Je dois partir moi aussi. J'attraperai Phil lors d'un de ses nombreux passages à l'appart. J'ai rendez-vous avec un membre de l'équipe de production. Il aimerait que je participe à une manifestation organisée par l'association des prestataires de l'aide sociale dans Hochelaga-Maisonneuve, histoire de m'immerger un peu dans ce milieu et, éventuellement, de recueillir quelques témoignages intéressants.

La manifestation revêt un caractère officiel. Des pancartes, des banderoles, des affiches, des tracts, des haut-parleurs et même quelques caméras de réseaux de télévision. Le tout, sous escorte policière. L'objectif recherché est simple : faire pression sur le gouvernement pour qu'il abolisse les différentes catégories liées à l'attribution de l'aide sociale. Dans le contexte social actuel, cette demande apparaît bien utopique et irréaliste, mais je comprends le raisonnement qui conduit à cette revendication. Que l'on soit apte ou non au travail, il n'en coûte pas moins ni plus cher pour vivre. Le but de l'aide sociale étant de pourvoir à la subsistance des gens, pourquoi alors pénaliser ceux et celles qui sont aptes au travail ? Pour les inciter à travailler, évidemment. Mais dans la réalité, tout le temps qu'ils restent sans travail, quelles que soient les causes qui peuvent expliquer leur situation, la livre de margarine et le baloné coûtent le même prix. Que l'on soit apte ou non au travail. Fondamentalement, ils ont raison. Politiquement et aux yeux de la population, ils ont tort et auront toujours tort. Sans aucune valeur sociale, sans aucun poids politique et entouré d'une foule de préjugés, leur cause est perdue d'avance.

Je m'intègre au groupe et utilise ma caméra pour la première fois. Le cortège se met en branle. Encouragements et chansons à répondre sortent des porte-voix des organisatrices, toutes des femmes. Nous sommes près de trois cents manifestants à marcher dans la rue. Plus la manifestation progresse, plus elle prend un caractère un peu artificiel. Avec Pat, de la maison de production, j'essaie d'intercepter des manifestants pour connaître leur opinion. Je fais du profilage, ne choisissant que ceux et celles qui, à mes yeux et selon mes critères, affichent une meilleure allure. Chaque fois, je tombe sur un organisateur, un travailleur social, un bénévole ou un membre d'une OSBL. Jamais de vrai assisté social. Au bout d'un moment, je suis en mesure, sans le demander, de savoir qui est qui. C'est fou.

À vue de nez, les premiers sont presque aussi nombreux que les seconds. Autant de chefs que d'Indiens, à cette différence près que les premiers sont plus actifs, plus convaincus et plus convaincants. Deux mondes parallèles. La cause, passive et vulnérable, sa défense, active et increvable. Je prends pleinement conscience que, sans cette défense, la cause serait rapidement balayée de la carte ou réduite à une peau de chagrin. Manifester pour survivre. Démontrer qu'on respire, encore. De moins en moins de place pour les faibles et les démunis dans cette société. De moins en moins le goût d'en entendre parler aussi. Juste tannant. Comme une mouche à marde qui te tourne autour, comme des maringouins qui silent dans la nuit. Jusqu'où l'individualisme nous mènera-t-il? L'indifférence? Aucune boule de cristal ne prévoit le retour prochain du balancier.

Durant le défilé, mes pensées vagabondent. J'observe. Détaché, mais intéressé. Les nombreuses données de l'IRB défilent dans ma tête. Certaines s'accordent mal avec ce que je vis, ce que je vois. La réalité des uns apparaît tellement loin de la réalité des autres. Impossible de concilier ces deux mondes sans un minimum de compassion, de respect et d'humilité. Avons-nous atteint le plancher?

Ça se bouscule dans ma tête. La notion d'employabilité me fait bien rire. Jaune, il va sans dire. Des personnes «employables», il y en a plein autour de moi, mais je n'en vois pas, ou si peu. Visuellement du moins. Celui qui reçoit la mention «employable» est souvent, dans les faits, «inemployable». Mais pourquoi sont-ils tant reconnaissables? Pourquoi faut-il qu'un BS ressemble presque toujours à un BS? Les préjugés, les stéréotypes, il faut les combattre, mais ils prennent leur source quelque part. Ce n'est pourtant pas inscrit dans leurs gènes. Et ce n'est pas toujours seulement une question d'argent. J'essaie de comprendre. L'éducation, oui d'accord. L'argent, oui on l'a dit. Le milieu d'où l'on vient, j'achète. Et quoi encore? La vie. Oui, c'est vrai. La vie et ce qu'elle nous apporte ou ce qu'on en fait. Pas besoin d'un diplôme en psychologie pour le réaliser. Un peu d'observation suffit.

Mais le savent-ils qu'ils sont un produit, quoi qu'on en dise? Que nous le sommes tous, autant que nous sommes? Qu'il faille se rendre un tant soit peu attrayant? Leur a-t-on dit? On possède tous un trait nous distinguant des autres. Pourrait-on l'identifier, l'exploiter? Ne serait-il pas plus rentable de les informer, de les conseiller et de les accompagner qu'engager des centaines d'agents ne cherchant qu'à les coincer? Comme s'il était agréable d'être sur le BS? Pas toujours facile, mais ça se dit, pour une entrevue, d'éviter de porter des bas blancs avec des sandales. Pour combattre et faire disparaître des préjugés, les victimes autant que les juges doivent y consentir des efforts. Ceux des uns entraînant progressivement les autres à en faire et vice versa. L'effet de la roue, tout le monde connaît. Les perceptions, rien de plus facile à installer, tout ce qu'il y a de plus difficile à se défaire. Elles sont la réalité, faut pas l'oublier.

La manifestation se termine par un dernier rassemblement. Un coup d'épée dans l'eau, que je dirais. Un autre. Une action nécessaire, diront les organisateurs. Une autre. Des deux, ce sont probablement eux qui ont raison.

À mon retour à l'appart, le trio jase dans la cuisine. Alex me salue et, sans préambule, annonce à Claude et Phil que j'ai quelque chose d'important à leur dire. Surpris et décontenancé, une désagréable montée de chaleur m'envahit. Aussi malhabile que la veille avec Alex, je me lance dans mes explications et surveille les réactions. Elles ne tardent pas. Phil est incrédule et se met à rire. Une histoire à boire debout. Une grosse farce qu'il prétend. Il ne croit pas un mot de ce que je dis, me traite de menteur et exige une preuve de ce que j'avance. La réaction de Claude est à l'opposé. Loin de rire, il achète mon histoire, mais refuse d'y être associé d'une quelconque façon. Sa fierté est en jeu et il ne veut sous aucune considération être identifié à un pauvre et encore moins un BS. Le ton n'est pas agressif, mais la discussion est sérieuse. J'argumente à peine, car je le comprends très bien. Dans ces situations, l'écoute s'avère souvent meilleure vendeuse que la parole. Alex entre en jeu et prend ma défense. Bon leader, il rallie les gars qui acceptent la situation, mais chacun demeure sur sa position. Phil trouve le projet *cool*, mais attend une preuve pour y croire. Claude ne veut pas y être associé.

Alors que la discussion va bon train, Anaïs fait son apparition à l'appartement. Bassiste, échassiste, cracheuse de feu qui vit dans son Winnebago, l'ex-blonde d'Alex est toujours demeurée proche de lui. Dynamique, intelligente et rayonnante, elle remplit l'appartement de sa présence, tous et tout semblant prendre un peu plus d'éclats à son contact. Une belle personne autant qu'une personne belle. Visage d'adolescente, petits yeux rieurs et frondeurs, pommettes saillantes, anneau dans une narine, son visage dégage autant de fraîcheur et de douceur que son corps de la force. Mince, mais solide, elle est dessinée au couteau. Sa camisole laisse voir une musculature impressionnante, et d'un esthétisme affolant. Son jean moulant nous fait comprendre que le reste est à l'avenant.

Elle écoute notre conversation. La curiosité et l'interrogation se lisent sur son visage. Les présentations terminées et sachant qu'elle saura se montrer discrète, Alex lui explique le pourquoi de ma présence chez lui. Sa réaction est positive et amusée. La discussion se poursuit et soudainement, tout déboule. J'apprends qu'elle vient du même village que ma belle-famille, qu'elle connaît très bien mes neveux et nièces, que son père leur a enseigné le piano, qu'elle a même fait toutes ses études secondaires avec ma filleule. Bref, qu'une partie de sa vie a chevauché la mienne. Le monde est vraiment petit. Une complicité s'installe immédiatement entre nous.

* * *

Les premiers jours défilent à toute allure. Je n'ai jamais conduit de Formule 1, mais j'imagine que l'impression est la même. J'ai peine à assimiler et à réaliser tout ce qui m'arrive. Je laisse à mon instinct le soin de faire le tri, d'établir un ordre et des priorités. Pour ajouter aux circonstances qui se multiplient, Alex débarque le lendemain à l'appart avec deux pleins sacs d'épicerie. Des légumes, des fruits, du pain, des produits congelés, des pizzas même. Il nous réclame à moi et à Claude 2 dollars chacun. Je ne comprends pas. Les achats doivent valoir au moins 70 dollars. Il arrive de la banque alimentaire et m'explique que la récolte, cette semaine, est très fructueuse. Je n'en crois pas mes yeux et mes oreilles. Il était prévu que j'utiliserais ces services et que l'équipe de production tournerait des images, et voilà que mon coloc y a recours.

L'hiver dernier, les banques alimentaires l'ont un peu sauvé tellement sa situation financière

était précaire. Il m'avoue même qu'il s'ali-
mente mieux depuis qu'il s'y approvisionne. Du
coup, je prends conscience de l'importance de
ce service et, surtout, du nombre de banques
dans le secteur où j'habite. Partout présente et
visible, la pauvreté est ce qui caractérise le plus
le quartier. Chacun essaie de s'en tirer. Certains
y parviennent mieux que d'autres, mais sans des
services communautaires tels que les banques
alimentaires, la situation serait pire. La misère,
plus visible. Ceux qui se promènent en Volvo en
auraient plein le visage. Plus qu'ils ne peuvent et
ne veulent en voir.

Les soirées se suivent et se ressemblent à
l'appartement. J'ai maintenant la réponse à ma
question. Toujours du monde. Des amis, des
connaissances, des amis des connaissances, tous
sont les bienvenus. La porte jamais fermée, la
fête constamment présente, l'appartement est un
point de ralliement, un lieu de rassemblement et
Alex en est le centre. Souvent occupé durant la
nuit, le divan du salon, s'il était loué, rapporterait
des affaires d'or. Je m'adapte et ne me plains pas.
Ils m'intègrent à leur vie, comme si j'étais un des
leurs. J'en suis flatté. L'ouverture des jeunes m'a
toujours impressionné. Ils sont fantastiques.

J'ai toujours pris le parti et le pari de la
jeunesse. Avec mes enfants, j'ai deux merveilleux
exemples devant moi. Et les boomers m'énervent.
Ils croient tout savoir, convaincus d'avoir inventé

les boutons à quatre trous et créé une société idéale. Encroûtés dans leur confort et leur médiocrité, accrochés à leur pouvoir, centrés sur leur nombril, ils ont tellement tout eu, qu'ils ne cherchent plus qu'à ne rien perdre. Navrant. Les conclusions des recherches de l'IRB portant sur ce groupe sont sans complaisance. Chaque fois qu'une question porte sur un sujet d'intérêt public où ils doivent, en principe, délier les cordons de leur bourse, les boomers opposent un refus obstiné. Ils ont volé la banque et ne s'en excusent même pas. Leur ouverture et leur audace ne sont plus que des mythes qu'ils sont seuls à entretenir. Et ils se permettent de juger les jeunes, de critiquer leur détachement face au travail. Le nombre constitue leur seul avantage. Il est de taille mais ils n'ont rien fait pour l'obtenir. Les privilèges des vieux, c'est le cauchemar des jeunes. Si on se donnait la peine de les écouter davantage, notre société serait meilleure. Parole d'honneur.

Mon acceptation et les liens rapides qui se tissent avec mes colocs et ceux et celles qui gravitent autour ne sont pas sans me rappeler des souvenirs récents. Séville, 2005. Un mois dans cette ville magnifique pour y apprendre l'espagnol et le flamenco. Allemands, polonais, anglais, hollandais et français, les étudiants avaient tous vingt-cinq ou trente ans de retard sur moi. Mêmes inquiétudes, mêmes réactions.

Jamais je n'ai senti de barrière ou d'allusions concernant mon âge. Comme une révélation. Comme une cure de jeunesse. J'ai dû réviser mes préjugés et mes idées préconçues, modifier ma perception, mon attitude face à moi-même. Ma vie chez Alex, c'est Séville à la puissance dix.

Au bout de quelques jours, je prends pleinement conscience du lieu où je suis, du groupe avec qui je vis. Une tribu. Carrément. Une tribu urbaine. Ça me frappe en plein front. Les similarités sont frappantes. Tous ont une passion commune et la volonté de l'assouvir. Tous prêts à payer et à souffrir pour y arriver. Les problèmes des uns deviennent ceux des autres. Les notions d'entraide et de solidarité sont toujours présentes, malgré certaines tensions. L'amitié revêt une forme différente, intéressée plutôt que profonde. La marginalité est ce qui les définit. Et Alex en est le chef officieux. Il rallie tous les membres. Je les aime bien. Ils sont attachants. Déjà un lien d'affection nous unit.

Ma première épicerie vite épuisée, j'essaie de l'étirer, mais la faim est tenace. Elle se contrôle. Je le sais. La faim est une notion volatile et j'entends bien en tenir compte. Passer une journée complète sans dépenser un sou. Cette idée me plaît. Par besoin autant que par défi. Repousser mes limites, voir comment je réagis. Me contrôler. Le corps et le cerveau sont des merveilles. S'agit de les exploiter. Le premier possède plus d'énergie qu'on n'en a besoin pour fonctionner, le second, plus de ressources pour maîtriser le premier. On sous-utilise les deux. Toujours. Pourquoi se forcer quand on n'en a pas besoin? Gênant comme constat, mais ici le besoin dicte les moyens.

J'entreprends un conditionnement particulier. Ma faim n'est pas toujours vraie. Elle est passagère, ne sert qu'à me tenter, me faire succomber. Normalement, j'abdique, mais maintenant il n'en est pas question. Je n'ai pas le choix. Ma faim est un leurre et partira, suffit de lui résister un peu. Mes deux muffins du matin sont amplement suffisants pour passer la journée. J'ai des réserves. C'est le temps qu'elles servent. Ma faim est constante, mais tolérable et vivable. Pas agréable ni désagréable. Suffit de s'habituer à cet état. Malgré une journée à marcher dans les rues de Montréal, rien d'autre, jusqu'au soir, n'entre dans mon corps que les deux muffins du matin. Le conditionnement fonctionne. À la fois étonné et impressionné, je poursuis ma démarche. Mon souper, un restant de fricassée, se révèle léger, et la portion plus que raisonnable. Ils m'en avaient quand même laissé un peu. Assez pour me sustenter, combler une faim qui devenait de plus en plus réelle. Pas de bière. Encore moins de vin. Je n'y pense même pas. Sans rituel lié à la préparation du repas, sans plats alléchants et sans confort minimal pour l'apprécier, le vin ne représente même plus une option. Ça me rassure. Une inquiétude de moins.

J'ai réussi. Je n'ai pas dépensé un sou. En me couchant, je repense à cette journée, à la force du conditionnement. Au lieu d'être toujours plein et repu avec la désagréable sensation de lourdeur qui accompagne cet état, pourquoi ne pas manger moins, demeurer légèrement sur son appétit et éprouver une sensation de légèreté? Cette interrogation trouve immédiatement sa réponse. J'en fais un principe pour le reste de mon expérience. Le conditionnement de cette journée deviendra celui des cinquante-cinq autres qu'il me reste à passer. Verra bien si je possède cette détermination et cette capacité. Si je n'y arrive pas durant ces deux mois, je n'y arriverai jamais. Je me rappelle aussi que je suis ici pour aller au bout de moi-même, explorer des zones plus obscures. Contrôler ma faim. Je m'endors en me martelant cette pensée.

Le conditionnement a cependant des limites. Ça aussi je le sais. J'aurai besoin d'argent. Plus tôt que plus tard. Je termine la semaine en cherchant de petits emplois. Des emplois à faible salaire, correspondant à mon statut. Pas question d'aller chez Cossette. Je dois jouer le jeu à fond. Mon CV, trafiqué par la maison de production, limite d'ailleurs mes possibilités. Aucun emploi depuis 2007. Avant, des jobs chez Future Shop en 2006 et Bell Mobilité en 2007. Et encore plus loin, la vérité qui apparaît, bien pâlotte, avec

Olive, l'agence de publicité. Pour compléter le tableau, je suis membre du conseil d'administration d'un organisme venant en aide aux dépendants de toutes sortes. Je devrai mentir, raconter une histoire. Elle est prête.

J'ai toujours rêvé de faire des beignes chez Tim Hortons. Je déteste leur pub, mais j'adore leurs beignes. Les glacés au chocolat, double chocolat, au miel et les Timbits. Je commence donc par cet endroit mythique. La réalité me rattrape assez vite. On me remet une formule de demande d'emploi et basta. On vous appellera. Mon rêve s'envole. Je fais une bonne dizaine de demandes, dont une chez McDo. Un autre fantasme. Même scénario qu'au Tim Hortons. Pas d'entrevue nulle part. Parfois un bref entretien d'une ou deux minutes avec le gérant ou assistant-gérant. C'est vendredi. Pas une bonne journée, que je me dis. Probablement pas le profil correspondant à l'emploi non plus. La semaine prochaine sera meilleure.

J'étais quand même un peu nerveux malgré la banalité de l'exercice avec son côté artificiel et très temporaire. Un certain inconfort aussi. Une leçon d'humilité. Jouer le mauvais rôle. Celui qui cherche, qui a besoin, qui est mal pris, cette impression renforcée par mon âge et le type d'emploi pour lesquels je postulais. Et si c'était pour vrai que je me dis? Non, c'est impossible. Allez! Pense à autre chose, passe à un autre appel.

4

De l'angoisse à la fête

DEUXIÈME JOURNÉE sans dépenser un sou. J'essaie. Ça sera difficile. Il ne me reste plus grand-chose. La fricassée est chose du passé. La récolte de la banque alimentaire servira.

Je redoute ce qui s'en vient. Maudits week-ends. La soirée de vendredi n'est pas entamée que déjà j'angoisse. Pas le goût d'être seul ni de voir du monde. Belle affaire. L'énergie me déserte, je le sens. Une sorte de torpeur m'envahit. Seul à ma table, dans le parc Lafontaine, je me regarde l'intérieur. Ça pourrait être mieux. Le temps devient maussade, comme mon humeur. Je reconnais cet état, j'ai l'expérience. Mes idéaux me lâchent. Ils sont loin, vaporeux et m'apparaissent futiles, naïfs. Pourquoi diable me suis-je embarqué dans cette aventure ? Je dois demeurer zen, laisser couler le temps sans trop donner d'importance à mes pensées. Attendre que le soleil revienne.

Plus facile à dire qu'à faire. Je m'oblige à écrire. Maslow qui revient. Mon sentiment de sécurité apaisé, c'est la notion de confort qui refait maintenant surface, qui remonte dans mes priorités, mes préoccupations. Je préfère le parc à ma chambre. De loin. C'est tout dire. Je peux au moins m'asseoir et écrire. L'appart n'est intéressant que lorsqu'il grouille, mais il ne grouille pas qu'aux heures qui me plaisent. Autrement, il me plonge dans une déprime infinie. Mon petit nid douillet de Québec m'apparaît à la fois comme un havre et un château. Je ne m'ennuie pas. J'y pense. C'est tout.

Combien d'heures encore ? Remplir le temps. Occuper l'espace. J'ai l'impression de passer ma vie à boucher les trous. Je ne suis pas le seul. La vie, ce n'est que ça. Toute activité ne sert qu'à écouler le temps, qu'à se rendre au lendemain. Bien sûr, j'essaie de les rendre agréables, d'y prendre plaisir. J'y parviens bien souvent ou j'essaie de m'en convaincre, d'y croire. La vie a horreur du vide, alors je la remplis. Toujours occupé, jamais le temps, même lorsque j'en ai. Ça paraît mieux. Ça évite de réfléchir. Pas très tendance, la réflexion. Mais ce soir, je n'ai que ça à faire. Aucune échappatoire. Malgré mon humeur de bœuf et mon moral vacillant, j'essaie de me convaincre. Je ne perds pas mon temps, je l'investis.

Le conditionnement imposé fonctionne à merveille. Je contrôle mon estomac et ma faim. Je perçois cependant ses limites que je devrai repousser et appliquer à la privation. Plus difficile.

La pauvreté est lourde ce soir. Elle m'assomme. Quelques dollars en poche, toujours dehors à marcher, toujours en appétit, toujours confronté aux odeurs de bouffe, aux vitrines des cafés, des restos et même des dépanneurs, elle est coriace, cette privation. Pas facile de l'accepter. Je n'y ai jamais été confronté. À la longue, la privation ne peut mener qu'à la résignation. C'est simplement la meilleure chose à faire. Elle devient saine lorsqu'elle est inévitable, inéluctable. Sinon, c'est la frustration constante, l'agressivité montante et, ultimement, la violence qu'elle provoque. « Du pain et des jeux », qu'il disait ce Jules. Il avait tellement compris.

Il pleut. Je ne veux pas rentrer et j'ai encore du temps à occuper. Les cafés sont trop tentants. Je succombe. Au diable la privation et ma deuxième journée sans dépenser un sou. Le café coin Saint-Denis et Ontario dans le Quartier latin s'avère parfait. Trois dollars pour un café latte. Le bonheur pendant trois heures. Un dollar l'heure, c'est un bon investissement, match de hockey en prime. Boston contre Philadelphie. Je les déteste, ces Flyers. La série contre Pittsburgh n'est pas encore gagnée, je crains Crosbitch comme la peste, mais si on l'envoyait jouer au golf, je n'aimerais pas affronter Philadelphie. Pronger, un salaud qui profite de la complaisance des arbitres, Richards, une grosse tête, puis Brière, mais je ne sais trop pourquoi. Rien à voir avec le fait qu'il ait choisi l'offre de Philadelphie plutôt que celle de Montréal. Content même de ne pas le voir trop souvent. Je ne l'aime pas. Sa voix probablement. Oui, c'est ça. Il a une petite voix insignifiante qui m'énerve. Et son petit nez en l'air également. Ah ! Je vais mieux soudainement.

Le week-end se poursuit. Toujours aussi long. Je vais user mes semelles en moins de deux. De l'appart au Vieux-Port, du Vieux-Port au Quartier latin avec un petit arrêt à la Grande Bibliothèque (elle est ouverte) pour lire mes courriels. Rien d'intéressant. Je monte vers le Plateau, je découvre les parcs, m'y arrête. Je lis, j'écris, j'observe. Montréal est une ville fascinante. J'aime beaucoup. Malgré la température incertaine, je passe toute la journée dehors. Mon déjeuner me tiendra jusqu'au soir.

La marche a ses limites. De temps et d'espace. Un vélo serait fabuleux. Les Bixi sont partout, mais pas pour tout le monde. Une lecture rapide des conditions inscrites sur les bornes me le confirme. D'abord le coût d'utilisation. Minimum 5 dollars et la facture grimpe avec le temps d'utilisation. Vraiment trop cher, mais peut-être, une fois ou deux. Quand la fin justifiera les moyens. Le coup de massue arrive juste après, dans le texte plus bas. Sans carte de crédit, point de salut. Impossible d'utiliser ces petits jouets. Provision de 250 dollars portée sur la carte qui ne s'efface que vingt-quatre heures plus tard. Je secoue la tête et relie les informations. Les Bixi me sont interdits. C'est de la merde. Je suis en furie. Pas que je ne peux les utiliser, mais parce que tout un monde n'y a pas accès.

Je connais deux sortes de pauvres. Les faux et les vrais. Les premiers m'énervent et ne méritent aucune compassion. Ils ont des cartes de crédit bien accotées sur la limite, se plaignent tout le temps qu'ils manquent d'argent et partent dans le sud sitôt qu'ils ont 1 000 dollars de lousse. Ils peuvent, malgré tout, se louer un Bixi. Les autres, les vrais, n'ont pas d'argent, pas de crédit, rien, mais ils doivent quand même se déplacer. Je me calme. Je comprends parfaitement le système et la nécessité de la provision. Bixi n'est quand même pas une organisation caritative. Elle n'est pas non plus une entreprise privée. L'idée, j'en conviens, est géniale, mais ne s'adresse qu'aux mieux nantis, aux bourgeois souhaitant se donner bonne conscience en laissant leur Volvo devant l'entrée. Ça me désole. À 70 dollars pour une passe mensuelle de la STM et au coût d'utilisation des Bixi, les pauvres, ceux qui n'ont que 592 dollars et des poussières par mois, ont intérêt à avoir de bonnes jambes. Pour marcher ou pédaler avec leur vieille bécane, même l'hiver. Mais les pauvres, qui s'en soucie ?

Mon souhait de me dénicher un vélo n'est toujours pas exaucé. Un éclair me traverse l'esprit. Le vélo de mon fils ! Parti travailler dans le nord pour un mois, sa bécane est sûrement disponible. Un saut à son appartement pas loin et hop. Je récupère la clé du cadenas, et me voilà en voiture. J'adore le vélo. Quelle sensation! La liberté se résume parfois à peu de chose. L'autonomie aussi. Tout est tellement relatif. Moins on en a, plus on l'apprécie. Sentiment de liberté et impression de bonheur sont intimement liés. Je comprends mieux pourquoi il figure, dans l'IRB, au septième rang des vingt-quatre facteurs qui influence le bonheur. Je pars à la découverte. Je fais le plein d'énergie. Une salade de pâtes, deux pilons de poulet et un jus d'orange. Huit dollars, c'est un peu cher, mais je m'en balance. J'ai mon vélo. À nous deux, Montréal.

Pour une deuxième journée d'affilée, je succombe le soir arrivé. Après le café de la veille, la grosse cannette de Bleue. Quatre dollars. Incapable de «bummer» encore de la bière, j'avais prévu le coup, me doutant bien qu'à mon retour à l'appartement, un samedi soir, l'action ne manquerait pas. Je ne m'étais pas trompé, le jam déjà bien installé dans le petit salon. Un jam improvisé. Le jam officiel avec les cinq membres du band est prévu pour demain midi. Pour l'occasion, Anaïs est à la *base*, Claude aux drums, Phil à la console et Alex à la guitare. J'adore les voir jouer, Alex surtout. J'aime sa voix qu'il prend plaisir à distortionner et qui lui confère un air grave et caverneux.

D'autres amis arrivent. Certains que je ne
connais pas. La tribu s'agrandit, la bière coule à
flots. Le jam s'en va dans tous les sens, devient
cacophonique. Je suis intégré au groupe, comme
si j'en avais toujours fait partie. Jamais d'allusions déplacées ou désobligeantes. Il y a bien
Phil qui m'appelle gentiment «le père Pierre»
prononcé pére Piér, mais c'est drôle et c'est tout.
M'arrive parfois d'oublier mon âge tellement ils
ont l'air à peu s'en soucier. Cette attitude, c'est
un des plus beaux cadeaux que je puisse recevoir.
Je le prends avec autant d'humilité que de fierté.
Maude, vingt-cinq ans, me dit que je lui fais
penser à Clint Eastwood. Il y a pire.

Début de la nuit, l'appartement enfumé est
à sec. Direction *L'Apôtre*. Je décline. À cause de
la fatigue et du manque d'argent. Ils insistent,
Phil surtout. Il me l'offre. O.K. pour une. Je le
cache, mais c'est une première pour moi. Un bar
karaoké. Je croyais que ça n'existait que dans les
films. La plupart sont là, en gang de filles, pour
s'amuser et s'éclater. Drôle, sympathique, vaude-
villesque, ça devient à la fois impayable et pathétique lorsque certaines croient performer devant
des milliers de fans au Centre Bell. J'ai commandé
ma bière, mais Phil a disparu. On ne sait trop où.
Il brasse des affaires. Je n'ai pas le choix. Je paie la
bière. Neuf dollars pour une quille. Je l'étire. Les
dépenses de cette journée, que je voulais frugale,
se chiffrent à 21 dollars, dont 13 dollars en bière.

Anaïs est présente. Je la cherche du regard.
Elle me sourit. Tantôt tout près de la scène, deux
minutes plus tard tout près de moi. Nos corps se
touchent. C'est confus dans ma tête. Un mélange
de tendresse et d'affection, comme si c'était ma
fille, mais aussi une attirance physique et sexuelle
bien présente. Je n'ai aucune intention, elle non
plus probablement. Elle a mon âge divisé par
deux. Une belle fille. Dans tous les sens du mot.
Sa marginalité m'attire et m'effraie. Le paradoxe,
encore.

Je quitte le bar le premier. Il était temps. Je
tombe dans mon lit comme une roche dans l'eau.
Une heure plus tard, ils débarquent. Ils sont sept,
huit, plus peut-être. Le party se poursuit dans la
cuisine, pour moins me déranger. Personne n'est
sobre. Le ton monte, l'agressivité aussi. Phil pète
les plombs. Une affaire de fille, pour ce que j'en
comprends. Il est plus de quatre heures lorsque
le calme revient. Je m'endors, enfin.

Tabar… de cal… de chr… Encore une fois.
Ça m'écœure. Maudite toilette. Maudits gars.
Les deux fesses dedans. Dans leur pisse. La
planche ne reste jamais à la verticale et retombe
toujours sur la bolle. Mais ils sont saoûls. Ils s'en
foutent et l'arrosent. Moi qui pisse aux heures, à
moitié endormi. Et vlan! Dedans. Et le papier
de toilette qui se fait aussi rare que de la merde
de pape. Un gars intelligent apprend après une
fois. Ça m'en aura pris deux. Mes réflexes de

randonneur vont ressortir. Dorénavant, il y aura toujours un rouleau de papier de toilette dans mon sac à dos.

Dans la matinée, l'impensable se produit. Le cellulaire que m'a remis l'équipe de production sonne. Je suis convoqué pour une entrevue chez McDo dans l'après-midi. Je n'en crois pas mes oreilles. Contents, mais surtout amusés, mes colocs se paient ma gueule. Jamais dans cent ans pour eux. Ils n'ont pas le profil de l'emploi. Vraiment pas. Des artistes, des marginaux un peu rebelles, toujours sur le party ? Ont-ils seulement un profil d'emploi ? Pas toujours. Inemployables ? Ça dépend. Pour McDo, c'est certain.

Le jam officiel avec les cinq membres du groupe débute à midi. Ils s'installent dans le minuscule salon. Le manche de la *base* de Jim frotte presque sur la guitare de Simon. Nic, le claviériste, semble en pénitence, cantonné dans son petit coin. Claude, faute d'espace, n'utilise que quelques drums. Son allure me fascine. Il est beau, beau comme les romanichels dans les films. Le boss est au centre, debout avec sa guitare. Je n'ai que la cuisine pour me réfugier. J'ai hâte de les entendre. Les paroles et la musique sont d'Alex. Le choc arrive dès les premières notes. Je suis saisi. La musique, lente. Les paroles, noires et profondes. Je sens la douleur émaner de sa voix rocailleuse. Un crescendo envoûtant m'enveloppe, m'accroche. Je me laisse porter. J'en suis même ému. La chanson terminée, Alex m'adresse un regard interrogateur. Je suis admiratif, mais à court de mots. Mon expression dit tout. Il sourit, satisfait.

Mon entrevue avec l'assistant-gérant du McDo relève du surréalisme. La question de mon passé est abordée. Je lui raconte mon histoire inventée d'alcoolique qui veut s'en sortir. Mentir, même un peu, m'embête, mais sa réaction confirme mon talent. Je ne sais si je dois éclater de rire ou me cacher sous la table. Mon âge aussi est mentionné. Il s'enquiert de ma capacité de travailler avec des jeunes. S'il savait ! Il évoque pour terminer la possibilité d'une seconde entrevue, avec le gérant cette fois. Beaucoup d'étapes à franchir avant de flipper des boulettes.

Presque minuit. Le band jam encore. Plus saouls, moins bons, c'est reparti. Pour une bonne partie de la nuit. Mes oreilles chauffent, mes nerfs se tendent. J'ai mon voyage un peu. Je déchante, me pose des questions. Sur moi. Sur eux. M'isole dans ma chambre et me couche.

Des doutes s'installent. Sur ma capacité de poursuivre les prochaines semaines si elles s'avèrent à l'image de celle qui se termine. Je dois m'accrocher. Sinon je vais prendre mes distances, devenir moins *cool*. Ce n'est pas ce que je souhaite. Tant de choses nous séparent. Un océan. Je prends pleinement conscience de ce que je vis. Me pince pour m'en assurer. Une expérience unique, marquée par la fébrilité des émotions, l'intensité des relations. Pas toujours facile, mais d'une richesse inestimable. Je suis choyé. Je dois me le rappeler.

Malgré l'affection que j'éprouve ainsi qu'une forme d'amitié sincère, je n'arrive pas à les comprendre. Comment font-ils pour fonctionner? Avec du monde, toujours du monde, à l'intérieur et autour de leur bulle? La consommation est constante, abondante. Une consommation qui n'a rien de bien commerciale. Des tripeux bien avant d'être des pauvres. La société! Ils en veulent les bons côtés, les choisir même, mais conserver leur marginalité, se soustraire des conditions permettant d'accéder à ce qu'ils recherchent. Sont-ils plus libres? Je ne crois pas. Toujours en lutte, en état de survie, en opposition avec une partie d'eux-mêmes, tiraillés et attirés. Ils s'organisent, se débrouillent. S'ils réclament du BS, ce n'est que de façon sporadique, temporaire, par nécessité, trop fiers et allumés qu'ils sont pour s'y complaire, y voir quoi que ce soit d'honorable. Beaucoup trop intelligents et talentueux pour en vivre. Ils pourraient devenir des actifs pour la société. Ils en ont le potentiel. Je nous le souhaite.

Drôle de concept que la marginalité quand même. On lui donne bien la définition qu'on veut. Ce qui est marginal pour l'un ne l'est pas pour l'autre. On m'a déjà dit que je l'étais. Franchement!

Avec ce que je vois, ce que je vis, absolument pas.
Original peut-être. Je veux bien. La marginalité
est peut-être un fourre-tout, mais davantage un
état. Que l'on choisit. Tout choix entraîne des
conséquences. Ce n'est pas le cas de la plupart des
assistés sociaux. Ils subissent. La notion de choix
relève pour eux du concept. Ils n'ont souvent ni
les capacités, ni l'instruction, ni le talent, ni l'in-
telligence des marginaux. Ma tribu, je ne peux la
plaindre. Parfois, ils me désolent.

Sont-ils plus heureux ? Bonne question. D'un
point de vue statistique, certainement pas. Mais
les statistiques parfois m'énervent. Comme le
bonheur d'ailleurs. Pas celui du dictionnaire, celui
des hommes. Le bonheur trafiqué, commercia-
lisé, acheté à gros prix, sans jamais de garantie.
Les rappels, d'ailleurs, ne se comptent plus.

Ce n'est pas tant le bonheur qui m'énerve que
l'idée qu'on s'en fait. Pas plus convenu, stéréo-
typé et prévisible que le bonheur. Toujours là
où on l'attend. Toujours gentil, bien élevé, sage
et docile. Tellement mignon qu'il en devient
exaspérant. Jamais marginal ou rebelle. Jamais
menaçant ou provocateur. Rarement excentrique,
sauté ou flyé. Dans ces conditions, les membres
de la tribu souffrent assurément d'un déficit du
bonheur.

Tel que la société et les statistiques le
définissent, il est un peu con, le bonheur. Un
peu faux aussi. Une dimension insaisissable lui

manque. Celle de se sentir bien. Authentique-
ment bien. Avec soi-même, les autres et la société
qui nous entoure. Cette dimension, la société s'en
est emparée. Un vol. C'est ce qui m'agace. Elle l'a
tourné à son avantage, l'a mis au goût du jour,
en accord avec la pensée dominante. Pouvoir
d'achat, consommation, richesse, acquisition,
possession. Tout ce qui s'oppose à ces valeurs est
associé au malheur. Pire, à la misère.

La réalité de la tribu est à l'opposé. Ils vivent
autrement. Cet autrement compense, leur
apporte ce qui manque aux autres. Rien n'est
parfait. J'apprends. L'entraide, la solidarité et le
partage existent. Je le vois. Ces notions font partie
de l'équation. L'individualisme règne en maître.
Bien dommage. Je cherche encore la baguette
magique. Je ne suis pas une fée. Que non, mais il
m'est permis de rêver. D'un coup, j'intégrerais la
notion de collectif dans les gènes. Tout le monde
s'en porterait mieux. Les plus pauvres sortiraient
un peu de leur misère. Les plus riches devien-
draient de meilleures personnes. Plus accomplies
et plus heureuses de l'être.

Le bonheur! Soixante-dix millions de références sur Google. À y perdre son latin. Une
véritable industrie. De la *bullshit* en masse. Tant
de blabla. Certains règlent la question assez vite
merci. J'en connais un. Sa lucidité me sidère.
Sa définition me bouleverse. Elle revient sans
cesse dans mon esprit, comme une obsession.

Maudit bonheur! Je l'étudie depuis cinq ans. Et
lui, comme une pichenotte, du revers de la main,
le ramène à quelque chose d'insignifiant, de ridicule presque. Encore incapable de dire si Réjean
Ducharme a tort ou raison lorsqu'il fait dire à
Bérénice, à la page 43 de *L'avalée des avalés*:

> Il ne faut pas avoir vécu bien longtemps pour
> pouvoir tirer de justes conclusions à propos
> du bonheur. Je me moque, d'un rire égal et
> superbe, de la joie comme de la tristesse.
> Je sais que la joie est immanente, que, quoi
> que je fasse, je devrai toujours en repousser
> les assauts réguliers comme le tic-tac d'une
> horloge. Je veux dire: on ne peut s'empêcher
> de se sentir heureux aujourd'hui et malheu-
> reux demain. Un jour on est gai. L'autre jour
> on est écœuré.
>
> On ne peut rien ni pour ni contre ça. On
> fait l'effort de s'en ficher, quand on est sage,
> quand on vit sa vie. Les alternances de joie et
> de tristesse sont un phénomène incoercible,
> extérieur, comme la pluie et le beau temps,
> comme les ténèbres et les lumières. On hausse
> les épaules et on continue. Fouette, cocher!

La musique s'est tue. Pas le bruit. Je m'adapte.
Je m'endors. Pas pour longtemps. J'ai la pissette
accrochée. Carrément. Le même manège qui
recommence. Chaque fois que je bois de l'eau.
En dix fois pire. Je me lève toutes les quinze

minutes, essaie de me faire discret. Ça se poursuit. Je les compte. Huit fois. Je capote. Qu'est-ce
qu'ils vont penser ? Incontinent, le vieux. Ça
n'arrête pas. Incontrôlable. Apportez-moi une
sonde. Douze fois. Tellement stressé que je n'en
dors pas. Couché dans mon lit, les yeux grands
ouverts, j'attends la prochaine envie. Plus
psychologique que physique maintenant. Je me
lève. Encore. Essuie la planche. J'ai compris. Je
voudrais être ailleurs. Ils sont dans la cuisine.
Ne s'en préoccupent même pas. J'ai arrêté de
compter à quatorze fois... en quatre heures. Ils
sont tous couchés. Je pisse encore. Pas vraiment
le bonheur. Vidé, je m'endors, enfin.

5

Hockey et fricassée

Dix mai. 146 dollars en poche pour les vingt et un jours restants. Je sais très bien compter : 6,95 dollars par jour. Moins que ma moyenne des huit premiers jours. Je ne panique pas. J'ai confiance de me trouver une job. C'est ma priorité. McDo, c'est beau, mais je n'ai aucune attente de ce côté. Mes calculs étaient bons. Carrément impossible de joindre les deux bouts avec 592 dollars par mois. À peine plus facile avec 792 dollars, les 200 dollars de revenus additionnels acceptés avant que le ministère ne coupe dans l'allocation du mois suivant. Et je n'ai qu'à me loger, me nourrir et me déplacer. Pas d'achat de vêtements à prévoir. Pas d'électricité, de téléphone et de câble à payer. Pas de meubles ou d'accessoires à acheter. Aucune place pour une gâterie, si petite soit-elle. Un magicien n'y arriverait pas.

Rien de drôle à être sur le BS, à se maintenir dans le cercle de la pauvreté, la précarité, la privation et la petite misère. Rien pour flatter son ego non plus. La fierté, l'estime de soi, la valorisation, la reconnaissance, on oublie ça. Inexistant, le sentiment d'accomplissement, premier facteur d'influence du bonheur. Qui souhaite cette vie ? S'en contente ? Personne n'aime se voir comme un *looser*. On a tous notre orgueil. Ce n'est pas mon cas, je ne suis pas un vrai BS, mais je peux comprendre. Un peu mieux du moins.

Les BS, ce n'est pas nous qui les supportons, c'est eux. Nos sarcasmes, nos préjugés, notre regard. J'ajouterais l'indifférence si nos poches n'étaient pas sollicitées. C'est lourd. Je ne m'exclus pas. Je m'en confesse. Difficile toutefois de ne pas les juger. Ils ne font rien pour s'aider. Le peuvent-ils ? En ont-ils la force et la capacité ? Pas toujours. Pas souvent. Que peuvent-ils contre l'image qui leur colle au cul. Contre les médias qui les harcèlent, s'attardent sur les pourris, les exploiteurs, les tricheurs et les profiteurs alors qu'ils ne représentent qu'un tout petit pourcentage. Moins de 10 % selon ce que j'ai appris. Moins que je pensais, je l'avoue. Piètre consolation. Je fais partie du 90 % qui se goure, qui ignore, qui juge sans trop savoir. On appelle ça des préjugés. Il existe tant de cas différents. Profondément injuste de tous les mettre dans le même sac.

J'ai toujours détesté *Les Bougons*. Quelques émissions ont suffi. Quelle honte pour une société, pour un diffuseur d'État. Quelle courte vue. Rire et se moquer des travers des plus démunis. Les afficher en plus. Rien de plus facile, de plus lâche. Du moment que c'est drôle, qu'on rit, qu'on pogne. Les cotes d'écoute n'ont pas de prix. Moi, je le trouve élevé, ce prix. Exorbitant même. La vague passée, le succès engrangé, ne reste qu'à réparer les pots cassés. Soigner les egos des victimes, car ils en ont un. Combattre les préjugés. Nettement plus difficile et onéreux que faire rire pendant une heure un mardi soir.

J'ai du temps aujourd'hui. L'équipe de production me laissera un peu tranquille. Jusqu'à ce soir du moins. *Tonight is the night.* Alex, Phil et Claude, ce dernier avec une réticence compréhensible, ont accepté que l'équipe tourne des images à l'appartement pendant le match de hockey. Sixième match Canadiens/Pingouins. Si le CH perd, c'est terminé. Pour l'occasion, je récidive avec mon plus grand succès, mon seul, la fricassée. Pas superstitieux pour cinq cennes, mais la dernière fois, Montréal avait gagné. On devrait être six ou sept. D'ici là, j'ai toute la journée pour me dénicher un job.

Mes objectifs étant élevés, je ne lésine pas sur l'effort. De Saint-Denis en montant jusqu'à Mont-Royal, je laisse pas moins de trente CV. Restos, bars, cafés, épiceries, boulangeries, stations-service, quincailleries, tout y passe. Le pif constitue mon mode de sélection. Tant qu'à travailler, aussi bien le faire dans un

endroit agréable. Je peux toujours espérer. Plus
la journée progresse, plus mon ardeur faiblit.
Les réponses ne sont pas celles que j'attendais.
Gérants absents, postes comblés, tout le monde
occupé, on va t'appeler. Pas d'entrevues, pas
même un seul rendez-vous. Le contact se limite
souvent à remettre mon brillant CV. J'ai parfois
l'impression qu'on ne me croit pas. Je manque
de crédibilité. Pourtant, je ne paie pas de mine.
C'est peut-être dans ma tête aussi. L'impression
que j'avais la semaine dernière revient. Cette
gêne, cet inconfort ou ce malaise à quêter une
job. Faire le smat pour peut-être torcher de la
vaisselle. J'essaie de ne pas m'en soucier. Je suis
préparé. N'importe quoi fera l'affaire.

J'ai acheté la bouffe sur le chemin du retour.
Surprise. Alex a fait un peu de ménage et passé
une moppe sur le plancher de la cuisine. La
fierté n'a pas que de mauvais côtés. L'équipe de
production se pointe vers 17 heures. Pas trop
chiche, elle me rembourse la facture pour la
bouffe. Vingt et un dollars. Quand même, c'est
pour les besoins du tournage et il y a six bouches
à nourrir. Chacun s'installe. Moi dans mon labo-
ratoire. L'équipe, avec toute sa quincaillerie, là
où elle peut. Anaïs s'offre à m'aider. Je ne dis
pas non. Elle rayonne, elle illumine et parfume
la pièce de sa fraîcheur malgré ses problèmes.
L'un d'eux est de taille. Le Winnebago qu'elle
a acheté est pourri de partout. Insalubre. Des

champignons en prime. Inutilisable dans l'état actuel. Onze mille dollars. Toute sa fortune. Sans endroit pour coucher, pour manger, elle squatte. Chez des amis, chez Alex, sur le divan. En attendant de trouver une solution. Elle s'est fait avoir. Solidement. Un crosseur. Un vrai. Comme la pub montrant une femme chouette et naïve qui entre dans un garage sombre et miteux d'où sort un bonhomme à bedaine avec une coupe Longueuil. On serait tenté de le lyncher, ce salaud. De lui donner une sacrée frousse. Elle se bat pour qu'il répare le véhicule. Il se défile. Elle le menace. Il se braque. Elle consulte l'Office de la protection du consommateur et une copine avocate. Peu de solutions, beaucoup de préoccupations. Sans un minimum de bonne volonté de la crapule, sans allonger des billets, elle n'est pas prête d'aménager dans son Winnebago.

Elle conserve le moral, s'accroche. La fricassée prend forme. Le ton est à la blague. Elle me surveille, me corrige, prend quelques initiatives. J'apprends qu'elle a déjà été chef dans un petit restaurant que je connais dans les Cantons de l'Est. Que mon neveu était son assistant. Non, mais vraiment. J'aime sa présence. C'est réciproque, je crois. Nos regards se cherchent et se fuient. Nos corps se frôlent et s'évitent. Comme un contact qu'on redoute autant qu'on espère.

Le directeur photo est partout avec sa caméra. Dans mon chaudron presque. Vicieuse, la caméra.

Elle voit tout, entend tout, prend tout. Même ce qu'on ne veut pas. Surtout ce qu'on ne veut pas. Ce soir, il faut l'oublier, mais toujours s'en méfier. Alors que Claude, discret, l'évite carrément, Phil, volubile, la recherche constamment. Anaïs et Alex s'en accommodent.

En cuisine, le *timing* fait souvent la différence. Il distingue les bons des excellents. Je m'octroie une note de 10 sur 10. La fricassée est prête et servie au moment où le match commence. Entassés dans le salon, sur le divan et les chaises apportées de la cuisine, nous mangeons sur nos genoux. Pas d'autres façons de faire avec le hockey. Tous fébriles. Phil porte sa vieille veste chanceuse des Canadiens. Claude, un vrai fan, se ronge les ongles. Alex, un peu négatif, nous fait suer. Les ondes du Centre Bell se propagent à l'appart. Malade. Sitôt la mise au jeu, la caméra est oubliée. Pas deux minutes d'écoulées, pendant une pénalité à Crosbitch, Cammalleri la met dedans. L'explosion. Trop rapide. Oups, les assiettes de fricassée sont menacées. La joie l'emporte, déborde. Quelques manœuvres extrêmes et habiles et la fricassée est sauvée. Pas d'assiettes ni de bières de renversées. Le match se poursuit, intense. Crosbitch veut se racheter, ça se sent. Cinq minutes plus tard, il y arrive. Le p'tit christ. Rien de perdu, c'est 1 à 1. L'équipe de production est aux anges. De l'euphorie au dépit en moins de cinq minutes. Toutes les images souhaitées sont enregistrées. Le matériel est remballé, vite fait bien fait, et on nous laisse tranquille. Parfait. Je respire mieux. Claude aussi.

Premier entracte. Beaucoup de monde au dépanneur. La ville est hockey. Ça se sent. Partout. Bière et hockey. Un autre grand classique. Ils sont indissociables, surtout entre amis. Mon optimisme l'emporte. Mes démarches de la journée vont porter fruit. J'hypothèque mon futur de 10 dollars. Le match défile à toute allure. Chacune des équipes s'accroche, lutte. Comparés à ce match, ceux de la saison régulière paraissent des entraînements légers. Des amis se sont pointés. Je les reconnais, signe que je m'installe. La troisième période s'achève. Le Canadien ne mène que par un but. Tous les yeux sont tournés vers Crosbitch, il peut tellement nous faire mal, mais Halak se dresse telle une muraille. Enfin, la sirène retentit. Il y aura un septième match. Tout le monde à l'appart est content, soulagé. Les sourires et la bonne humeur sont de mise.

Sachant que je viens de Québec, la gang se montre surprise de mon attachement inconditionnel aux Canadiens. Immanquablement, les Nordiques se retrouvent sur le tapis. Ils me questionnent sur les chances de leur retour. Je leur réponds sans détours. Un sujet qui me rend émotif. J'haïs les Nordiques. Je ne les ai jamais aimés. Pus capable d'en entendre parler. Vont-ils finir par mourir? La triste épopée de la résurrection des Nordiques assure à elle seule les ventes de *J'ai un amour qui ne veut pas mourir* de Renée Martel. Et leur logo des années cinquante ? Pire, leur uniforme ? Pouvait-il en exister un plus laid ? Bleu poudre fade avec plein de fleurs de lys tout partout. Quand même pas un drapeau. Si la nostalgie est compréhensible et peut s'avérer parfois d'une grande beauté, après un certain temps elle devient tout simplement pathétique.

Québec a-t-elle besoin des Nordiques ? Non. C'est bien plus les Nordiques qui ont besoin de Québec. Plein d'intérêts en jeu. Des histoires de gros sous. De la politique aussi. Beau coup de filet potentiel pour notre petit Sarkozy national, celui qui agit plus vite qu'il ne réfléchit. Ses fans diront, admiratifs, qu'il tire plus vite que son ombre, mais Lucky Luke a toujours été, est et sera toujours un cowboy.

Et qu'est-ce qu'on fera de cette équipe de bébés gâtés ? On la chouchoutera. On lui donnera dix fois plus d'attention qu'elle n'en mérite, attention qui occultera celle accordée à des éléments beaucoup plus porteurs. Je ne comprends pas toujours. Parfois, il faut m'expliquer longtemps. Québec se débrouille très bien merci sans les Nordiques. Son positionnement axé, entre autres, sur la culture rayonne, fait des petits, attire son lot de touristes. Les journalistes sportifs qui bandent juste à penser accompagner les « p'tits gars » partout en Amérique sortiront leur argument massue, leur seul. La carte de visite. Rien à cirer de cette carte de visite. Québec doit choisir *sa* carte de visite. Pas se la faire imposer.

L'image que Québec a laissée partout dans le monde depuis le départ des Nordiques est drôlement plus porteuse et rassembleuse que celle que peut projeter une équipe de hockey. La folie et l'attachement aux Canadiens, bien beau lorsque que ça passe, mais très éphémère comme effet. Très artificiel et superficiel comme cri de ralliement. Merveilleuse illustration du bourbier, de la difficulté de Montréal à se doter d'un positionnement mobilisateur. Plate à dire, mais une chance que Montréal a les Canadiens. Un peu triste cependant qu'une équipe de sport tienne l'humeur d'une ville.

Quelle ville voulons-nous? Une ville dominée par le hockey et les histoires souvent banales gravitant autour d'un groupe d'une vingtaine de joueurs? Semblerait que oui. La nostalgie est puissante. La politique aussi. Les médias encore davantage. Aussi vendus et intéressés que les politiciens, mais pour des raisons différentes. Lorsque ces deux derniers travaillent ensemble, la propagande est toute proche. Mais des masos et des égocentriques, il y en a partout. À Québec aussi. Assez pour se réinsérer dans le pied une épine dont la ville s'est brillamment débarrassée.

Je pourrais poursuivre encore, parler des impacts négatifs sur les autres activités de la ville. Tant celles sportives que culturelles ou de loisirs parce que moins de dollars disponibles pour les encourager, mais la gang sait maintenant ce que je pense. Plutôt catégorique le gars de Québec. Pas tous d'accord non plus. Claude les aimait bien, ces fleurs de lys sur patins. La discussion s'étiole, la soirée aussi. Partis à gauche et à droite, éparpillés chez l'un et chez l'autre, elle se termine tôt. La mienne du moins. Ne reste plus qu'Anaïs et moi à l'appartement. On placote un peu, mais l'inconfort l'emporte sur l'attirance. Elle s'installe sur le divan, moi dans ma chambre. Je ne dors pas. Je souhaite qu'elle surgisse autant que je le redoute. Je l'imagine à côté de moi et je m'en contente. Pas prêt à franchir l'autre étape. Un sentiment complexe que je n'avais jamais ressenti auparavant. Un sentiment qui paralyse. Rien ne se produit. Le sommeil, finalement, l'emporte.

Ma recherche d'emploi se poursuit. Tantôt à pied, tantôt à vélo. Par chance, il fait beau. Encore la même histoire qui se répète, les mêmes scénarios. Après une quinzaine de demandes, je suis foudroyé d'une écœurite aiguë. J'abdique. Pour aujourd'hui du moins. Toujours dehors, les parcs deviennent mes refuges, les rues, mes observatoires. J'ai du temps. Je n'ai que ça. C'est rare. Je m'efforce de le voir comme un privilège.

Montréal me fascine. Les jambes me démangent. Malgré mes nouvelles habitudes

alimentaires, je me sens plein d'énergie. Allez
hop le mont Royal. Gougounes dans les pieds,
sac sur le dos, j'enfourche ma bécane et me tape
la montée Camilien-Houde. C'est ça leur côte ?
Rien pour faire peur à un gars de Québec. Les
côtes, on connaît. Bien beau et bien tranquille le
lac des Castors et ses alentours. Malgré l'énergie
déployée à marcher, à rouler, je suis encore sur les
réserves de mon déjeuner. J'ai faim, mais ça s'endure. Très bien. J'essaie de ne pas trop y penser,
me conditionne. Quatre ou cinq rondelles de
saucisson, de l'eau, et je me rends au souper sans
difficulté.

C'est la première fois que je coule tant de
jours consécutifs à Montréal. Et pas dans des
bureaux climatisés, dehors. La réalité est différente. Je vois le vrai monde. Les Montréalais.
Pas les banlieusards venus chercher leur pitance
quotidienne, entrecoupée de deux parenthèses
stériles d'une heure et demie dans leur voiture.
Ils ne m'intéressent pas. Pourquoi le serais-je ?
S'intéressent-ils à Montréal ? Que pour la sucer,
l'utiliser. Toujours prêts à prendre, jamais dispo-
sés à donner. Les ghettos ne sont pas toujours là
où on pense.

Comme la rue Ontario. Horrible. J'entends
souvent dire comment originale elle est cette
rue. « Hot et underground » avec plein de petites
trouvailles. *Bullshit*. Ceux qui l'affirment n'y
vivent pas. Ils viennent des deux rives et d'en

haut de la côte. Ils la fréquentent, de temps en temps, se réfugient dans le petit resto branché ou la boutique flyée. Je la marche cinq ou six fois par jour, la rue Ontario. Le jour, le soir. Pas chic. Ça pue. C'est sale. Des clochards, des pauvres, des travelos pathétiques. De la grosse misère, bien visible. Comme un restant de Tchernobyl.

Je m'y sens comme une exception. Je détonne. J'appartiens à une minorité. Visible tant je suis invisible, conventionnel, sans relief, beige. Sans tatouages ni piercing, point de salut. Je n'ai pas ma place. Un étrange. C'est fou, la majorité en a et pas seulement qu'un peu. Ou l'un, ou l'autre. Plus souvent les deux. Le secteur où je vis amplifie sûrement le phénomène. Le nombre de shops de tatouage le confirme. Toujours une question de marché, d'offre et de demande. Pas certain si c'est l'offre qui crée la demande ou l'inverse. Peu importe. Aucune ne m'aura comme client. Juré. Tous pareils d'ailleurs ces tatouages. Pour un de beau, dix d'affreux. Et encore.

Le marketing est une science terrible tellement elle est pernicieuse. Primaire tellement elle est simpliste. Bien placé pour en parler. On réunit ce qui se ressemble, sachant que l'un vit de l'autre, a besoin de l'autre. D'abord, les centres commerciaux. Plus de quarante ans déjà. Ensuite, les regroupements de *fast food* (*fast food area*). Tant qu'à manger de la merde, aussi bien la regrouper pour mieux la choisir. Au diable le paysage et le développement urbain. Ce n'est que l'année dernière, alors que j'étais en Nouvelle-Zélande avec ma fille, qu'elle a compris, ébahie, toute la signification de la chanson *La Rue principale* de Dédé Fortin. Des centres commerciaux, il n'y en a pas là-bas, ou très peu. Les centres-villes des petits patelins de 20 000 habitants grouillent plus que celui de Québec. Parce qu'il y en a un.

Récemment, les regroupements d'achats (*power centers*) ont débarqué. Tant qu'à dépenser, allons-y à fond la caisse. Le magnifique quartier Dix Trente à Brossard en est le porte étendard. J'ai découvert, sur la rue Ontario, un quatrième type de regroupement. Un trio d'enfer. Les prêteurs sur gages, les maisons de crédit (Insta chèque et cie) et les dépanneurs. La misère n'est jamais vraiment seule. Toujours quelqu'un pour l'exploiter. Pourquoi s'en offusquer ? Ce n'est que du marketing. L'offre. La demande. Toujours. Un quatrième joueur côtoie ce trio d'enfer. Il ne bénéficie pas des mêmes moyens que les trois autres. Ne connaît pas trop le marketing. Les banques alimentaires et les soupes populaires. La main sur le cœur davantage que dans la poche. Ça existe. Encore et par chance.

Mais Montréal est hockey. Le culte pour les Canadiens ne s'embarrasse d'aucune frontière, d'aucun statut social. Il est total. Ce soir, la ville criera. Ses larmes ou sa joie. Je débarque chez ma fille. Ses quatre colocs sont tous présents. Tous fans également. Même le Français de passage. Il n'a guère le choix. Elle me paie la bière. Les rôles, pour une fois, sont inversés. Elle en rit. Moi aussi.

Le match commence sur des chapeaux de roues. Les Canadiens sont en feu. Littéralement. Un premier but dès le départ. Un deuxième un peu plus tard et un troisième, juste avant la fin de la première période. On a peine à y croire. On refuse de célébrer. Le proverbe de la peau de l'ours, tout le monde le connaît. Crosbitch, toujours lui. On le déteste autant qu'il est bon. Dans le sport, on appelle ça du respect. Incroyable. Impensable. Le Canadien maintient son avance en deuxième période. Dans les câbles les Pingouins. La confiance règne. Plus que vingt minutes. Le but qui tue arrive tôt en troisième. Dans la poche. On se garde une petite gêne. Les désormais célèbres paroles de «piton» Claude Ruel nous reviennent. «C'est pas fini tant que c'est pas fini.» La sirène hurle. *The game is over.* La fiction dépasse la réalité. Un mélange d'extase et d'ébahissement. Comme si on n'y croyait pas. Après Ovechkin et sa bande, Crosbitch et la sienne en vacances. À court de mots, d'explications. On se tape dans les mains. On se contente d'être contents.

Sur mon vélo, de l'appartement de ma fille à chez moi, dans les rues Laurier, Papineau et

Ontario, c'est la fête. Les drapeaux, les klaxons, les cris n'arrêtent pas. Une sensation de légèreté, un sentiment d'allégresse envahissent la ville. Ben oui. La formation des Pingouins comprenait plus de joueurs francophones que celle des Canadiens. M'en fous. Rien à cirer de la paranoïa des journaleux sportifs, certains plus vieux que d'autres, qui en font une fixation, un combat presque. C'est sûr. Plus de francos, c'est plus commode, plus facile et meilleur pour les cotes d'écoute. Mais ce soir et demain, ils se la fermeront, ces journaleux. Tout le monde s'en balance. On a gagné.

6

Au noir ou légal, je m'en fous

MA QUÊTE DE JOB se poursuit. Toujours moins d'argent dans mes poches, je ne désespère pas. Suffit d'un seul appel. Il arrive, mais pas d'où je m'attendais. C'est Alex. Un chum lui propose une vingtaine d'heures de travail au noir. Il a besoin de deux ou trois hommes pour faire du ménage. Pour enlever les cochonneries et la poussière laissées par les gars de la construction. Deux cents dollars vite gagnés. Vingt heures de travail. Je n'y pense même pas. C'est oui. On commence demain, à 6 h 30 du matin, au centre-ville. Parfait. À peine vingt minutes à vélo.

Soulagé! Le mot est faible. Avec 105 dollars en poche, je n'aurais pas dépassé le 21 ou 22 mai. Je flotte. Je cesse ma recherche d'emploi sur-le-champ. J'en avais ma claque. Deux cents dollars de plus, presque assez pour finir le mois. Les heures qui suivent se révèlent particulières. Une transformation s'opère, de façon inconsciente. La privation devient plus difficile. La faim,

plus tenace. L'idée d'une gâterie, irrésistible.
Je succombe et m'envoie un duo muffin/café
derrière la cravate. Le soir, je m'achète quelques
bières. Fantastique, le conditionnement. On s'en
sert en cas de besoin, de nécessité. Quand on n'a
pas le choix. Comme un gradateur, on l'ajuste.
Prévoyant, je fais un saut à l'épicerie pour me
concocter un lunch. Comme un vrai travailleur,
boîte à lunch en moins. J'ai hâte.

La job est plate. Pas à peu près. Torcher des
étagères de magasin chargées de poussière de
gypse, il y a mieux. Plus c'est plate, plus c'est
long, mais pour trois jours et deux cents dollars,
on fait avec. J'ai bien travaillé. Mon corps a bien
résisté. Docile, appliqué, vaillant, j'ai écouté les
consignes, accepté les petits reproches d'usage.
La boss est contente de moi. Me le fait savoir et
m'attend le lendemain. Probablement davantage.
Le 200 dollars pourrait s'étirer à 300 dollars.
C'est différent pour Alex. Je saisis davantage le
moineau. Rebelle, orgueilleux, les ordres, encore
plus lorsqu'il s'agit de ménage, trouvent bien peu
d'écho. Il déteste ce travail, le fait par obligation, se permet même de le regarder de haut. Je
peux le comprendre, nos besoins diffèrent. Sans
être téteux, j'ai l'attitude contraire. Tout travail
rémunéré, accepté de plein gré, légal ou au noir,
mérite d'être exécuté correctement.

Mon mois de mai semble assuré. Mes derniers
retranchements ne seront pas visités. Je me sens

rassuré, mais coupable aussi. De ne pas souffrir autant que je l'avais imaginé. Je m'étais tellement conditionné. Encore une fois, anticiper le pire scénario, s'y préparer m'aura bien servi. Une façon de trouver l'énergie, la motivation et les réflexes nécessaires pour que le pire demeure un scénario. Je ne peux dire si l'équipe de production sera contente ou non. Ils ne me verront ni mendier ni pleurer.

Le lendemain s'avère toutefois pénible. Ma journée la plus difficile depuis le début de l'expérience. Ce que je redoutais se produit. Des membres de la tribu débarquent à l'appart et la fête s'installe. Impossible de dormir. Je panique un peu. Je dois me lever à 5 h 30. Déjà trois heures du matin. Pas encore fermé l'œil. La fête s'est terminée, mais le sommeil s'est enfui. Sans réveille-matin, ne me fiant qu'à mon conditionnement, je crains de passer tout droit. Je ne m'endors que quelques minutes. Une heure tout au plus. Alex ne se lève pas. Je ne le réveille pas. C'est mieux.

Le travail est exigeant. Je crois porter un éléphant sur mes épaules. Tout est pénible. Un long combat de sept heures. Le cœur cogne, la tête résonne, les jambes chancellent. Je dois protéger Alex aussi, feindre l'ignorance face au boss. Jamais journée n'aura été plus longue. Elle est loin d'être terminée.

Un rendez-vous avec l'équipe de production est prévu. Régulièrement, je dois livrer mes impressions. Beaucoup de tournage pour souvent bien peu d'images. Quelques plans ici et là. C'est la réalité de la télé. Difficile d'avoir une idée de ce qui en ressortira. Le rendez-vous est à 15 h 30. Trente minutes de vélo. Je suis crevé, affamé. Maudite fatigue. Rien de pire. Mon ennemi juré. Je perds mes moyens, ma concentration, mon humeur, mon dynamisme. Tout. Absolument tout. La démone. Ses effets s'accentuent, s'amplifient lorsqu'on vit intensément. Ne pourrait-on pas l'éliminer? Si on peut faire bander! Une petite pilule et hop, partie la fatigue.

Vraiment pas le goût de faire le beau, encore moins l'intelligent devant la caméra. Incapable d'organiser ma pensée, d'aligner des phrases cohérentes. Je suis présent de corps, absent d'esprit. L'équipe le réalise rapidement. Elle n'insistera pas et décide de ne tourner que des images. Bien appuyé contre un poteau, le soleil dans mon visage, je dors debout. Littéralement. La soirée est tranquille. Alex également. Je lui en veux de m'avoir mis dans pareil état. Je n'en glisse mot. Le corps s'exprime souvent mieux que la tête. Pas le goût d'argumenter. Juste celui de me reposer. Dans mon état, c'est crucial.

J'ai dormi comme un prince. En pleine forme, le bonhomme. Le repos, quel bienfait. La pilule, c'est une bonne nuit de sommeil. Prêt pour une troisième journée de torchage. Motivé par la paye à la fin, elle se passe plutôt bien. Je m'y fais, le

cerveau à *off*. La boss des moppes m'aime bien.
Davantage, j'en suis certain. Pas toujours subtiles,
ses allusions ne laissent aucun doute. Je n'y réagis
pas. Je reste discret. C'est bien moi. Autant j'aime
attirer l'attention, devenir le centre d'intérêt,
autant je sais me montrer réservé, effacé. Les
contrastes, le paradoxe, toujours. Elle a parlé en
bien de moi à Nic, le grand boss. Combien fiable,
responsable et travaillant j'étais. Il m'appelle, me
propose de travailler le week-end. Je refuse, invo-
quant des raisons familiales. Qu'à cela ne tienne, il
m'offre quelques heures la semaine prochaine. Un
cadeau. La paix jusqu'à la fin du mois. J'accepte,
même si une partie du travail s'effectue de nuit. Il
pousse même sa proposition et m'offre du temps
plein. Ayoye! Une nouvelle carrière peut-être?

Je suis surpris de mon énergie. Pas moumoune
pantoute. Je suis en forme. Je l'ai toujours été.
Ça paye. La boss me chouchoute, me donne
les jobs plus faciles. Les autres employés, tous
des prestataires de l'aide sociale, ont des profils
particuliers. Elle les connaît tous. Des bons, des
pas bons. Des travaillants, des paresseux. Des
chialeux. Des discrets à leur affaire. Certains
sont pathétiques et ne contribuent en rien à
changer l'image qu'on a d'eux. Encore saoul le
matin, il y en a un, le teint vert-de-gris, les yeux
creux et vitreux, la queue de cheval grise et ridicule au milieu du dos, qui dort entre les étagères. La senteur de la robine est si forte qu'elle

repousserait la plus coriace des mouches. Un autre qui, sitôt la boss absente, s'approprie son rôle et regarde les autres travailler. Il parle tout le temps, donne des ordres, comprend qu'il vaut mieux m'éviter. D'autres qui ne se présentent pas. Difficile parfois de s'abstenir de juger.

La boss me placote. Elle aime ça. Me trace le portrait de chacun d'eux. Je vois l'image qu'on aime détester. Derrière chacune, il y a des histoires d'horreur, des chutes dans le vide, la perte de repères, des cassures, des brisures, souvent, des dépressions dévastatrices. Certains ne s'en remettent jamais. Ça ne les excuse pas. Ça permet de comprendre, d'éviter de juger trop sévèrement, de mettre les choses en perspective.

Côtoyer ce monde, entendre ces histoires s'avère révélateur. Fiabilité et sens des responsabilités. Deux mots, deux caractéristiques qui revêtent soudainement une dimension insoupçonnée. Deux qualités qui me définissent bien, que je savais d'une grande valeur. J'en avais oublié l'importance tant essentielles et ancrées elles sont dans mon univers. Dans celui que je côtoie, dans un contexte de médiocrité, de vulnérabilité, de lâcheté et d'abandon, ces deux mots acquièrent une valeur colossale. Des qualités rares et recherchées. Pas seulement pour le travail. Partout. Les femmes seront d'accord.

Payé en liquide. Elle ne pourra s'exécuter à la fin de la journée. Elle a dû régler les autres.

L'argent restant, ma paye de 195 dollars, un des gars est parti avec. Elle sait qui. Pas inquiète, elle le retrouvera. À peine repentante, elle m'offre de revenir en ville ce soir me porter mon argent. Me glisse qu'on pourrait ensuite prendre une bière dans un bar. C'est gros comme un train. Ça sent le coup monté. Je dois penser vite. Les mensonges sont parfois nécessaires. J'en invente un qu'elle gobe et lui propose de passer demain, samedi, pour récupérer ma paye. Je suis sauf.

L'entrevue d'hier avec l'équipe de production est reprise en fin de journée. Je suis d'attaque. Mes idées sont claires, mais les appréhensions que j'entretenais se révèlent fondées. Un peu déroutée, déstabilisée, leur attitude est différente. Sur la défensive, ils s'interrogent, me posent des questions, cherchent à comprendre pourquoi j'ai accepté de travailler au noir. La caméra ne roule pas. Je ne suis pas certain de les suivre. Aurais-je dû refuser? Pour quelles raisons? L'inconfort persiste. Soudain, la vérité sort. Parce que le travail au noir est illégal. Ils auraient préféré que je me déniche un travail légal. Pardon! Ils répètent. Préférable de crever de faim, de vivre la petite misère que de travailler au noir! Non, mais! Et si on inversait les rôles? Combien de CV j'ai distribués? Je ne peux quand même pas les obliger à m'embaucher. Plus des trois quarts de la population travailleraient au noir s'ils étaient dans ma situation. Je le sais. J'ai posé la question.

Les autres, ceux qui déclarent que non, sont des menteurs. Ils n'ont jamais été et ne seront jamais dans une pareille situation. Que celui qui n'a jamais péché lance la première pierre.

Les craintes de l'équipe de production se précisent. Ils ne veulent pas être accusés. Mais de quoi bon sang ? De complicité, qu'ils me répondent. Le gouvernement, la loi, les enquêteurs, les peines encourues et j'en passe. Même moi, je risque d'y goûter. Je suis soufflé. Big Brother est-il si puissant ? Ont-ils du temps à perdre à ce point ? À vouloir les coincer. Me coincer ? Pour trois cents malheureux dollars ?

La discussion se poursuit. Je fais valoir que produire une série sur la pauvreté et la précarité sans aborder le travail au noir est un non-sens. Travail au noir, précarité et aide sociale. Indissociables. Comme le trio Big Mac, frites et Coke. Ils le savent mieux que moi. Ils travaillent à ce projet depuis des mois, en connaissent davantage sur le sujet. Ils comprennent ma position et m'expliquent qu'il est prévu de parler du travail au noir dans la série, mais auraient préféré que je n'y aie pas recours, que je travaille dans un cadre légal. C'est tout. Trop tard. Désolé, mais personne n'avait précisé. Je me calme.

L'entrevue débute. La question ne tarde pas. Le travail au noir est-il nécessaire ? Je ne suis pas un spécialiste. Ne prétend pas l'être n'ont plus. J'observe ce que je vois, réfléchis à ce que j'entends, pose des questions. Mes opinions, j'ai le privilège de les exprimer. Presque toujours appuyées de données, des statistiques. L'IRB est une richesse. Je l'utilise. Le travail au noir n'est pas nécessaire, il est, dans le contexte actuel de notre société, vital. Partie intégrante de l'économie, essentiel au fonctionnement de la société, il souffre d'un gros handicap. Le plus gros de tous : il n'est pas comptabilisé, n'apporte rien à l'État. Son rôle n'en est pas moins important. Le travail au noir est semblable à toutes les autres activités parallèles ou illégales. Grosse différence cependant. Au lieu de tuer du monde, il les fait vivre. Vouloir l'éliminer relève de l'utopie. Le contrôler, le diminuer, le pénaliser est un mal nécessaire. Pour éviter qu'il ne se développe. Certains le qualifient de fléau social. Pas mal fort. Réalité incontournable serait plus juste. La hausse substantielle du salaire minimum ? Une solution, certes, avec ses limites.

La caméra roule toujours. Je ne me gêne pas. Ils veulent mon opinion, ils l'auront. Travail au noir et salaire minimum, deux solutions peu gratifiantes. Du dépannage. En principe. En attendant. L'« attendant » devient parfois permanent. La pauvreté alors s'installe. Le bonheur se sauve. Il y a des pauvres heureux. C'est certain. La loi de la moyenne n'est cependant pas de leur côté. Félix Leclerc disait : *Si tu veux tuer un homme, empêche-le de travailler*. Il aurait pu ajouter : « Si tu veux le rendre malheureux, fais-lui détester son travail.» Le rapport entre bonheur et travail est très direct. Troisième des vingt-quatre facteurs d'influence du bonheur, sa portée et son impact sont sidérants. Trente points d'écart de l'IRB entre un travail qui satisfait pleinement et un autre qui ne satisfait pas du tout. On ne parle plus d'écart, mais de gouffre.

Je suis en feu, survolté. Toutes mes données de l'IRB me reviennent. Elles déboulent. J'ai une mémoire des chiffres particulière. Pratique et très utile. Je poursuis sur la notion de bonheur au travail et la théorie des 5R que j'ai développée. Mon dada. Pas bien compliqué. Cinq facteurs influencent le bonheur des travailleurs. Dans l'ordre, la réalisation de soi, les relations de travail, la reconnaissance, la responsabilisation et la rémunération. Le bonheur au travail, tout le monde adhère au principe, trouve l'approche intéressante, mais personne ne veut l'appliquer. Surtout pas les dirigeants. Trop frileux qu'ils sont. Le bonheur! Flou, imprécis. Ne veulent surtout pas s'embarquer dans cette galère. Les chiffres, les dollars, c'est mieux, c'est réel, c'est tout ce qui compte. Bon Dieu qu'ils ne comprennent rien, qu'ils m'emmerdent, ces dirigeants. Bornés, incapables de s'ouvrir à de nouvelles idées, de nouvelles façons d'aborder les choses, ils ne savent que perpétuer ce qu'ils connaissent. L'audace! Un mot qui résonne trop fort. Qui fait peur. Leurs employés les précèdent toujours. Bien plus avant-gardistes.

Je n'arrête pas. Besoin d'un public sans doute.
Allez, brillants dirigeants. Plaignez-vous. Trop
de conflits, trop de dépressions, trop de gens
qui « callent malade », plus de loyauté, chez les
jeunes surtout. À qui la faute ? Toute médaille a
son revers. La réalisatrice me fait signe. Gentiment. Je suis sorti du contexte de mon expérience. Je le réalise. M'en excuse. L'équipe sourit.
Captivant, qu'ils disaient. Je les crois. Il est
17 heures passées. Les heures supplémentaires
coûtent cher.

Mes émotions ont retombé. Sur le chemin
du retour, j'en profite pour faire une grosse
épicerie. Après tout, je suis riche. D'au moins
195 dollars. Rien de trop beau. Allez, 43 dollars
dont 10 dollars en bière. Mes deux premières
semaines ont déjà laissé des traces. Je regarde
les prix, évite le superflu, calcule. Mon idée est
déjà faite. Une recette nourrissante, peu coûteuse,
qui permet des restes, beaucoup de restes. J'opte
pour une salade de pois chiches. J'y mets toute la
gomme. J'ajoute lentilles, olives, poivrons rouges
et oranges, fromage feta, oignons verts et tomates.
Les végétariens vont m'adorer. J'ajoute une
baguette. Essentiel. Pour les déjeuners, pourquoi
pas des muffins : 3,99 dollars pour six. Bananes
et chocolat, c'est nourrissant. Si je calcule bien, à
deux muffins par déjeuner, ça me revient à 1,33
dollars chacun. Peut-on trouver moins cher ?
Deal. Dans le panier. Pas âme qui vive à l'appart.

Personne. C'est sale. À l'envers. Trop déprimant.
Je déballe mon épicerie et repars aussitôt.

Pas d'ordinateur ni de cellulaire, sauf celui
de l'équipe de production. Je suis déconnecté.
Comme si je n'en avais jamais eu. De courtes
visites à la Grande Bibliothèque, c'est tout. Je vis
mon expérience à fond. Je vis Montréal à fond.
Peu de contacts avec mon monde. Je préfère.
Je traîne dans les parcs, marche dans les rues,
m'éternise dans les cafés. Mon latte du soir
devient une habitude. Une façon d'être ailleurs.
Seul, mais entouré. L'anonymat de ces endroits
me plaît. J'écris, je lis, j'observe. Trois activités
qui reviennent sans cesse. Je les apprivoise et les
apprécie.

Je ne vois pas beaucoup de belles femmes.
Selon mes critères, bien entendu. Je n'ai aucune
intention. Ma libido est à son plus bas et je
ne m'en plains pas. Pour une fois. Je ne me
souviens pas de ma dernière érection. Même
pas la présence d'Anaïs. Pas davantage hier lorsque, crevé, assis dans la cuisine, perdu dans mes
pensées, elle m'a massé les épaules. Une première
dans mon cas. Être séduit et attiré physiquement sans aucune réaction sexuelle. Eh bien!
L'effet du chaud et du froid sans doute. Plutôt
rares, les filles comme Anaïs. En général, elles
sont décevantes. Les plus jeunes surtout. Les
moins de trente ans. Souvent rondelettes, parfois
davantage, dépourvues de tonus musculaire, les

jambes enrobées, lourdes, sans formes, comme des tuyaux de poêle. Le gros macho ne salive pas souvent. Le petit bourgeois non plus.

Et si le gros macho organisait un concours, les Asiatiques l'emporteraient. Haut la main. De mes nombreux postes d'observation et en allouant à chacune des femmes qui passent une note de 1 à 10, elles obtiendraient la meilleure moyenne. Pas beaucoup de 9, 9,5, mais pas de 3, de 4 ou même de 5. Question de génétique sans doute, elles semblent toute sortir du même moule. Question d'alimentation également. Minces sans être maigres, elles n'affichent aucun excès de poids. Les jambes sont bien définies, presque toujours agréables. Début de cuisse où l'on perçoit les quadriceps, genou dont on sent les contours, mollet volontaire et affirmatif, cheville à la fois mince et forte. Je meuble le temps comme je peux, avec ce qui passe. Mine de rien, une heure vient de s'écouler.

Je repousse l'échéance. Celle du retour à l'appartement. Quelle surprise m'attend cette fois? Ils m'en font voir de toutes les couleurs. Je n'ai plus vingt ans. La marginalité d'Alex, Claude et Phil, celle de la tribu, tranquillement, perd de son charme. Les carences ressortent. Émotionnelles et psychologiques surtout. Gérer le stress se révèle difficile. Leur notion de responsabilité fluctue, devient très élastique. Jamais loin, les excuses et les prétextes pavent la voie au facile.

Le court terme l'emporte, justifie leurs décisions. Pas souvent bonnes. La consommation les engourdit, parfois les endort. Leur passion de la musique, certes réelle, les sert bien. Ça me fait sourire. Comme s'ils étaient les seuls à en avoir une. Comme si la leur était plus forte, plus irrésistible. Ça ne m'empêche pas de les aimer, d'éprouver une profonde affection pour eux.

Leur passion est leur carburant, mais c'est celui de quiconque aspire au bonheur. Faut savoir la gérer. Pas toujours évident, une passion, par définition, c'est passionnant, mais elle ne doit pas devenir une prison. C'est le troisième élément. Celui à propos duquel la journaliste m'interrogeait pour déterminer ce qui manquait à une personne malheureuse pour qu'elle devienne heureuse. C'est simple. D'avoir des passions, des projets, de les entretenir, c'est la clé. L'une des clés. Si les regrets sont les cancers de l'âme et du bonheur, les passions en sont le remède. Les regrets sont portés vers l'arrière, les passions vers l'avant. C'est toute la différence. Combien ont des rêves ou des projets enfouis, empoussiérés sur les tablettes de leur cerveau ? L'être humain a besoin de ces rêves, d'y croire, de les alimenter, de les maintenir en vie. Les réussir s'avère moins important qu'essayer de les réaliser.

Je ne m'habitue toujours pas à la saleté de l'appartement. Je la tolère et l'endure. Eux aussi je crois. Un appartement de gars. C'est leur façon gentille de dire que ça fait dur, de se déculpabiliser. Les mégots de cigarettes sur le plancher, je ne les ramasse plus, je les tasse, du bout du pied, plus loin, hors de ma vue. La bière, partout, en cannettes, en bouteilles, des petites, des grosses. Le comptoir avec la vaisselle, jamais rincée, encore moins lavée. La toilette. Passons. Mon confort me manque. Terriblement. La tranquillité aussi, mais jamais autant que le confort! Le petit bourgeois en souffre, mais qui n'en baverait pas?

Mon cellulaire, celui de l'équipe de production plutôt, sonne. C'est rare, et ce n'est pas Magali, l'assistante-réalisatrice. Surprise! C'est l'assistant-gérant du McDo. Il me convoque pour une seconde entrevue la semaine prochaine. Avec le gérant. Comme prévu. Je n'y crois pas. Ça m'amuse. Plus détaché. J'ai assez d'argent pour passer le reste du mois. Mais il y en a un deuxième à passer. Je note la date et l'heure. J'y serai. Garanti.

Anaïs est souvent à l'appartement. Situation oblige. Elle s'isole, pratique ses tounes. Le show avec son band est ce soir, dans un bar, rue Saint-Laurent. Elle est nerveuse. Elle l'est toujours. Hyperactive, elle doute, se remet en question, cherche l'approbation. Dans sa bulle, je la laisse tranquille. Elle m'invite et insiste pour que j'assiste au show. J'y serai. Je lui promets.

Elle irradie la scène. Mi-punk, mi-rock. Camisole laissant voir ses formes, legging sous une mini-jupe, bottes de chantier aux pieds, elle se déhanche, se balance, s'exprime. Sans gêne ni pudeur. De l'énergie pure. Les autres membres du groupe, tous des gars, sont sensationnels. Malgré leur talent, ils savent. Les regards sont portés ailleurs. Le show est excellent. Le public apprécie. Du bon rock, lourd, fort, solidement interprété. Phil est avec moi. Il capote. De voir jouer et bouger Anaïs. C'est la première fois qu'il assiste à un de ses shows. Il m'envoie des allusions salaces concernant Anaïs. Je fais semblant de ne pas les comprendre. Mais il a tout vu. Depuis le début. Ça crève les yeux qu'il me dit. Il en rajoute en me disant qu'il trouve ça *cool* et que je devrais en profiter. Même les gars de l'équipe de production, le caméraman et le preneur de son me l'ont fait remarquer alors qu'il ne nous ont vu qu'une seule fois ensemble. Faut croire qu'il y a des choses plus difficiles à cacher que d'autres. Pourtant, mes gestes, mon attitude me semblaient sans équivoque. Une image me vient en tête, me trouble. Celle du vieux qui veut se faire la jeune. Pitoyable. Assez pour gerber. J'espère seulement que ce qui transpire de mon côté transpire aussi du sien. Au moins juste un peu. Mon honneur serait sauf.

Le spectacle achève. La sueur ruisselle sur son corps, jaillit de ses cheveux. De toute beauté. Pas un homme ne pourrait y être indifférent. Sitôt terminée, elle vient me voir. Je lui serre la taille, la félicite. Elle est trempée. Son corps musclé, encore tendu. L'espace de quelques secondes, elle est repartie, sollicitée à gauche et à droite. C'est sa soirée. Je rentre avec Phil.

L'appartement est tranquille. C'est rare. Il est déjà tard. Pour moi, pas pour eux. Je me couche. Les images d'Anaïs défilent, en boucle. J'aimerais qu'elle soit à la fois à côté de moi et à l'autre bout du monde. Je n'arrive même pas à me masturber en pensant à elle. Un blocage. Une protection peut-être. Je ne sais pas. Je ne cherche pas à comprendre. Il n'y a rien à comprendre. C'est mieux ainsi. Je ne suis pas amoureux. J'adore cette fille. Pour tout ce qu'elle est, ce qu'elle représente. C'est différent. C'est mieux ainsi. Plus sain. Je m'endors.

7

Maudit week-end, mais il y a le vélo

MERVEILLEUX OU AFFREUX. Les samedis n'ont pas de milieu. L'obligation de s'amuser, la pression de faire des activités, des travaux, d'organiser peut-être un souper et quoi d'autre. On y arrive, c'est le bonheur. On en parle toute la semaine. On échoue, c'est le malheur. On en parle pareille toute la semaine. L'impression de vide, d'absence me déplaît. Royalement. Pire encore, la nécessité de remplir ce vide, en trouvant l'enthousiasme et le goût de le faire. À deux, on s'entraide. Le plus crinqué influence le moins crinqué. Seul, c'est différent. Personne ne pousse dans le dos. Certains aiment, d'autres pas. La plupart.

La solitude, le célibat, forcés ou non. Deux parias. La solitude constitue le mal du siècle. On la fuit comme la peste, la redoute, la juge, incapable de composer avec, ne serait-ce qu'un peu. L'enfant pauvre du bonheur. L'écart est toujours le même. Cinq à sept points entre l'IRB des personnes qui vivent seules et celui des personnes qui vivent en couple. Pour les personnes monoparentales, c'est moins pire. L'écart se rétrécit un peu. À la fois seule et pas. Vraiment pas. L'avenir des réseaux de rencontre est assuré, la société s'en charge. Les images parlent davantage, laissent des marques. Celle de la belle petite famille, deux enfants, petit gars, petite fille, blondes, golden retriever en option, toujours associée au bonheur. Celle de l'homme, seul et impassible au malheur, à la misère. Le problème n'est pas la solitude, c'est l'isolement. Ne pas confondre. La première peut toutefois conduire au second. C'est le plus grand danger. L'isolement, c'est l'absence de bonheur, la mort lente. La pire de toutes.

Absolument rien au programme aujourd'hui sauf ma petite entrevue au McDo, à 10 heures, et la récupération de mon fric. La journée est splendide. Je la passerai en vélo. La deuxième entrevue est une répétition de la première. Je rabâche le même mensonge. En mieux je crois. J'ai l'expérience. Plus détaché aussi, je m'amuse, y mets plus d'émotion. Mon âge les tribouille, je le sens. Sans doute la crainte de m'intégrer à des jeunes. Ils me voient davantage dans un travail isolé. S'enquiert si la maintenance, avec le décrottage des toilettes, me déplaît. Ça peut pas être pire qu'à l'appart, que je me dis. Ils semblent satisfaits, m'indiquent les quatre McDo où je pourrais travailler, mais un doute persiste. Le langage non verbal ment rarement. Ils me remettent une carte avec un code, mon code. C'est un test. Sur Internet. Me demande de l'effectuer dans les meilleurs délais. Sans problème. Ils me rappelleront.

La boss des moppes me livre la marchandise. Cent quatre-vingt-quinze beaux dollars. Me demande si je ne peux pas travailler quelques heures, là, maintenant. Mon refus est catégorique. Elle me confirme que je rentre lundi matin. Pas trop hop la vie ce matin, la boss. Encore et toujours des cas problèmes à régler. Des gars qui ne se présentent pas, d'autres qu'elle a dû sortir du lit et qui dégrisent, tranquillement, en travaillant. Fiabilité, responsabilité. Toujours. La conversation s'étire, ma patience s'étiole. Je profite d'une distraction et décampe. Nul besoin de cette déprime, ce matin.

Direction, la pointe ouest de l'île. Je ne connais pas. C'est l'ouest, c'est riche. Délirant. Le réseau de pistes cyclables de Montréal est délirant. J'en découvre une autre partie. Je ne le soupçonnais pas si développé. Toujours de la merde ou tout croche lorsqu'on entend parler de Montréal, facile alors de transposer, projeter, déduire. La ville est vraiment vélo. J'adore. Sa morphologie s'y prête à merveille. Mon esprit divague, s'emporte. J'ai des idées pour Montréal. Attention, monsieur Tremblay. La ville est vélo, mais pourquoi ne le serait-elle pas davantage ? Pourquoi ne pas exploiter à fond ce position-nement, développer au maximum cet aspect. Montréal, capitale nord-américaine du vélo ! J'aime bien. Et pourquoi pas ? S'agit de vouloir, d'agir en conséquence. Bixi représente déjà une belle carte de visite. Un prétexte aussi.

Que du positif. Montréal devient vélo. Comme elle est hockey. Forcément, Montréal devient plus verte. Faudrait quand même faire du ménage à plusieurs endroits, monsieur Trem-blay. Montréal vélo magnifierait le côté ouvert, flyé et unique de la ville. Son âme s'en trouverait bonifiée. Le transport vert et sur deux roues s'ap-puyant sur la culture, les arts, le divertissement et vice versa. Un mélange naturel des genres. Que des avantages. Outre l'environnement, c'est l'activité physique, la santé, la décongestion du trafic et, pourquoi pas, le pouvoir d'attraction de l'île qui en bénéficieraient. Elle se meurt, l'île. Elle crie, souffre. Elle a besoin d'un fortifiant, d'un tonique.

Et si on laissait les visionnaires avoir des idées et les gestionnaires gérer ? Un manque d'audace. Toujours la même histoire. Pour obtenir ce qu'on n'a jamais eu, il faut oser ce qu'on n'a jamais fait. Les bonnes idées demeurent au rez-de-chaussée, rarement montent aux étages. La pénurie d'idées fortes et porteuses commande qu'on les exploite à fond, qu'on les pousse, deux, trois et même quatre crans plus loin. On pourrait le faire avec Montréal vélo.

Comme les fabuleuses murales sous l'autoroute Dufferin à Québec. Une idée géniale. Une réalisation extraordinaire. Transformer une laideur en beauté. Que les artistes pour y arriver. Convertir un handicap en avantage. En faire même une attraction touristique. Pourquoi ne pas la pousser plus loin? L'étendre? La faire éclater, de tous les côtés. Le manque d'audace. La crainte des commentaires. L'angoisse des politiciens. Pas pires poltrons qu'eux. La peur paralyse, empêche d'avancer. Tout le monde le sait, mais on continue d'avoir peur. Aujourd'hui, Québec serait davantage connue, reconnue pour son originalité. Effectivement, il n'y a pas que des vieilles pierres. On appelle ça aussi l'image. Celle que Clotaire, notre ami, devait rajeunir. Des centaines d'artistes y auraient travaillé. Des milliers les auraient visitées, admirées. Une galerie d'art nouveau genre, intégrée dans l'urbanité, permanente. Une fierté s'en serait dégagée. Quand on parle de visibilité, de retombées, les Nordiques bleu poudre peuvent aller se rhabiller.

L'air pur et le vélo m'inspirent. Les idées éclatent. Attachez-moi. Enfermez-moi. La randonnée est longue. Aucune idée du nombre de kilomètres. Je n'ai pas compté, mais je le sais. À l'état de mon derrière. En feu. Je rentre à l'appart fatigué. Une belle fatigue, celle que j'aime, qui dynamise et stimule au lieu d'engourdir et d'avachir. Immanquable, l'effet bénéfique de l'exercice. Ça ne rate jamais son coup. Plus on s'entraîne, plus on le sent, cet effet. Presque palpable. Pour moi c'est réglé. Depuis longtemps. Jamais je ne cesserai de m'entraîner. Jusqu'à ce que mon corps abdique, me supplie. Je m'attaque à la préparation de ma salade de pois chiches et de lentilles. Mal calculé les quantités. Il y en aura pour une armée.

Pas encore 19 heures. C'est tranquille à l'appart. Il n'y a que Claude et sa copine. On jase. De tout, de rien. De Montréal et de vélo. Je leur lance mon idée. Ils aiment bien. La salade trouve des clients. Pas de musique ni de radio. On s'ouvre une bière. La discussion se poursuit. Encore et encore. Toujours sans musique. Sans que personne ne se pointe. Les sujets deviennent passionnants, profonds, intimes. On se débouche une autre bière. Le temps passe. J'adore Claude. Des valeurs solides. Respectueux, sensible, humble, attachant, son humanité m'impressionne. Une certaine forme de sagesse l'habite, mais une sagesse constamment perturbée, tiraillée, infiltrée tant de l'extérieur que de l'intérieur.

Les personnes qui lisent beaucoup se reconnaissent rapidement. Par leurs connaissances, leurs références. C'est son cas. Sa dernière lecture

l'a marqué. Il ne tarit pas d'éloges. L'histoire, l'atmosphère lourde et glauque, le style, la profondeur. Pour la justesse et l'utilité de chaque mot.
Il sort le livre, me l'offre. *The Road*, de Cormac
McCarthy, prix Pulitzer 2009. Il est en anglais.
Le mien n'est pas parfait. Belle occasion pour le
pratiquer. Il me l'a tellement vanté. Je ne peux
faire de même avec celui que je termine, malgré
ses mérites. Le dernier Paul Auster. *Invisible*.
Meilleur que le dernier. Intéressant. Un bon livre
de parenthèse, sans plus.

La discussion se poursuit. Pas facile, sa vie
actuelle. Pourtant, il a tant de talents, tant de
qualités. Une rupture qui a laissé des traces.
Quand tu en es rendu à passer des sacs de
coupons-rabais, dit-il. Il n'en est pas fier. On
n'a pas toujours le choix. Quatre-vingts dollars
sous la table pour huit, souvent dix, parfois
onze ou douze heures de travail difficile. Les
employés? Tous ou presque des prestataires de
l'aide sociale. Si j'ai besoin d'argent qu'il me dit,
pas de problème. Les bons gars, fiables, rapides,
capables de marcher quinze kilomètres par jour,
beau temps mauvais temps, sont toujours les
bienvenus.

Il trouve triste de les voir. Des drôles de zigo-
tos. Déconnectés. Diminués. Certains physiquement, d'autres mentalement, parfois les
deux. Des écorchés de la vie, brisés, plusieurs
neurones de sautés. Il fait partie d'eux. Un peu.

Pour le moment du moins. Il me parle des deux responsables de ce territoire. Deux femmes. Il les déteste. Souverainement. Aucune compassion, aucune sensibilité, aucune humanité. Presque pas de pauses. Pas de temps pour dîner. Jamais d'eau à offrir.

Il me confie alors l'impensable. À vomir. Que le travail prenne huit, dix ou douze heures n'apporte rien de plus dans les poches de ces deux femmes. Plus vite il est terminé, plus vite elles rentrent chez elles. La pression est constamment sur les employés. Pour qu'ils se grouillent. Cette pression, elles la poussent à l'extrême. L'acceptable est finalement fracassé, l'entendement, dépassé. Des *speeds*. Elles leur offrent des *speeds* le matin. Pour qu'ils soient plus performants, plus rapides. Je n'en crois pas mes oreilles. Elles leur offrent des *speeds* ? Non, me corrige Claude. Elles les leur vendent. Cinq dollars la peanut. Je reste sans voix. Partout où il y a de la misère, il y a des gens pour l'exploiter. Sans aucun scrupule. Sans regrets ni remords assurément. Mais jusqu'où peut-on aller ? Claude est révolté, mais refuse de dénoncer. Ces 80 dollars, il en a besoin. Me fait jurer de n'en pas parler, le temps qu'il bossera pour ces deux hyènes.

La discussion se poursuit, tous les trois, toujours sans musique. On se débouche une troisième bière. Bien raisonnable pour un samedi soir. Ces bâtardes. En plus d'exploiter le monde, de pauvres personnes pour la plupart, elles font de l'argent sur leur dos en leur fourguant de la dope. Je pense à ce pauvre mec. Appelons-le Jean-Paul. Cinquantaine, qui boitille un peu, pas trop vite, qui fait déjà des efforts pour ne pas retarder le groupe. Il se fait offrir un petit *speed* par la madame. Hey, mon JP, une p'tite peanut à matin ? Hier, t'étais pas trop vite, hein ! Dégueulasse. Sordide. La dignité, je croyais qu'on en avait tous un peu à la naissance. Les femmes davantage que les hommes. Je me suis trompé.

S'ils savaient. Les annonceurs, l'employeur de ces deux chipies, les autorités, la population. Leur petit sac de rabais, de coupons, de gugus et dépliants se révélerait moins sexy. Encore que pour sauver trois cennes et demie, certains vendraient leur mère. Pour des niaiseries, la délation, je déteste. Pour des histoires d'horreur comme celle-là, ça devient nécessaire. Un geste citoyen. Un acte moral. En écrivant cette histoire, je fais le mien.

Presque une heure du matin. Près de sept heures de discussion, sans arrêt, sans musique, sans alcool. Quatre bières, c'est rien. Une belle soirée. Très belle. Morphée m'appelle.

Le dimanche est une copie conforme du samedi. Température splendide. Mes fesses en meilleur état, je leur épargne toutefois une randonnée comme celle d'hier. Je passe chez ma fille. Elle m'invite à prendre un café. Je l'aime tellement. Elle rayonne. On est proches, vraiment proches. Peut-être la norme entre un père et sa fille, je ne sais pas, mais j'apprécie. Mes enfants, je leur ai tout donné. Eux aussi. Comblé, le vieux. Plus de vingt ans d'engagement. Le seul véritable, le seul inconditionnel que j'aie jamais pris. Ça rapporte. On ne le fait pas pour ça. C'est ce qui est merveilleux.

Il est en bon état, mon facteur quatre de bonheur. Celui des relations familiales. La différence de l'IRB est énorme. Près de vingt points entre le fait d'entretenir des relations amicales et chaleureuses et celui d'avoir des relations tendues et conflictuelles. Je lui parle de ce que je vis, d'Anaïs, de mes sentiments, de mes impressions, de mes émotions. Elle m'écoute, me comprend, souhaiterait la rencontrer. Elle ne juge pas, ne juge jamais.

Sa tête bourdonne. De projets. Un entre autres. Elle me l'explique. C'est bon, très tendance. En design de mode, pas vraiment le choix. Un concept inspiré des antiquaires qu'elle transpose à la mode. Très, très urbain. Elle adore Montréal. Ne reviendra jamais plus à Québec. Elle aime bien, mais c'est comme ça. L'effervescence de Montréal la branche. Son rythme, son ouverture la stimulent. Elle aime aussi le marketing, le design, la pub. Quel hasard, j'y ai baigné toute ma vie. Elle me questionne, veut savoir ce que j'en pense. Une seule déception dans son projet. Tout est pensé en anglais. Elle le sait, s'en désole. Elle, une francophone. Chaque langue a ses forces. De toute façon, ce n'est pas pour demain. Encore bien le temps d'y penser, de changer d'idée. Ça serait *cool* quand même. M'occuper de son marketing. De sa pub. Je triperais.

Je reviens à la maison, arpente les pistes cyclables. Je l'avais déjà remarqué. Tranché au couteau. Les Bixi et les autres. Deux castes, deux classes. Une étude de cas fascinante. Tant sociologique que psychologique. Les premiers ne savent pas rouler. Épouvantable. Comme les *Sunday drivers* ou les mononcles avec leur calotte ou leur chapeau. Un peu perdus, inconscients qu'ils sont quand même sur une voie publique, hésitants, ils retardent tout le monde. Des touristes, qu'on me dit. Il faut les excuser! Comme sur les vraies routes. Pardon. Ceux et celles qui roulent en Bixi sont loin d'être tous des touristes. Pour ces derniers, on peut comprendre, mais pour les autres!

Le plus fascinant, ce n'est pas leur conduite. C'est qui les conduit. Bien habillés, bien propres, bien droits sur leurs vélos, les fesses un peu serrées, coincées, ils ne veulent pas esquinter leurs beaux atours. Pas mal moins de tatoués, de piercés, de tout débraillés chez les Bixi. Comme si les BCBG de la ville de Québec s'étaient approprié ce petit joujou. À côté et tout autour d'eux, les vrais. Le Montréal qui me fait triper.

Passionnant. Pas un vélo pareil. De toutes les couleurs, de toutes les formes. Des neufs, d'autres qui ne tiennent plus la route. Même chose pour les casques. Des roses avec des fleurs, des casques trop petits, trop grands, de cascadeur, de ski, pas de casque pantoute. Encore là, c'est ceux et celles qui sont sur ces vélos qui sont les plus fascinants. Des jeunes, des vieux, avec des robes granolas, des leggins, des chandails tout croches, des casquettes des Canadiens, des tatouages, des rastas, des barbes, en camisole, en bedaine, etc. Hétéroclite, complètement. Un spectacle en soi. Montréal à vélo! Quel tableau.

Je découvre également les vélos à pignon fixe. Sans vitesse, le pédalier n'arrête de rouler que lorsque les roues s'immobilisent. Retenir le vélo, le ralentir, avec la seule force de ses jambes, en exerçant sur les pédales une pression contraire. Du vélo urbain extrême. Capoté. Ils sont beaux, vintage ou flash. Certains sans frein. Des malades. La plupart avec un seul. Les moumounes avec deux. Même les automobilistes sont vélos. Plus qu'à Québec. Pas très difficile. Sauf les taxis. Rien à faire avec eux. La frustration probablement. Chaque vélo, c'est un client potentiel de moins.

Le week-end s'est bien passé. Finalement. J'étire mon latte, me perds dans mes pensées, discours sur l'amour. Pour ce que j'en connais. Vivre pour quelqu'un! Non. Je corrige. Vivre aussi pour quelqu'un. C'est ce qui me manque.

Je crois. J'ai toujours vécu pour quelque chose ou
quelqu'un. Parfois les deux simultanément. Pour
le volley-ball et ma job dans la vingtaine. Pour
ma job et ma famille dans la trentaine. Même
chose dans la quarantaine. Dans la cinquantaine ? Que pour ma job, mon projet, mon IRB.
Dangereux. Mes enfants sont partis. Ont leur
vie. Assez bien remplie, merci. Il manque quelque chose. Quelqu'un plutôt. Ne vivre que pour
soi ! Nettement insuffisant, insatisfaisant. Voué
à l'échec. À moyen et long terme. L'amour, ce
n'est pas un peu ça ? Vivre aussi pour une autre
personne ? Qu'elle soit une source profonde de
motivation et de stimulation dans ma vie ? Le
café a des effets insoupçonnés. Je rentre.

8

Pas de marge de manœuvre

LES JOURNÉES SANS DÉPENSER un sou seront plus difficiles. J'en avais réussi trois. Elles revenaient, régulièrement, comme les promos de la semaine. Avec 255 dollars dans les poches et quatorze jours à faire dans le mois, la motivation ramollit. En quelques jours, j'ai plus que doublé ma moyenne. De 6,95 dollars par jour à 18,20 dollars. Pas le Pérou, mais plus confortable. Quelques heures de travail pourraient la faire monter encore un peu. Je rêve. En avoir un peu pour commencer le deuxième mois.

Ils ne le diront pas, mais ils sont un peu déçus. L'équipe de production. Ils n'avaient pas prévu. Que je me débrouille si bien. Je n'aurai pas à vendre un de mes reins pour survivre. Sans ce travail au noir, je serais dans la merde jusqu'au cou. C'était un scénario. Possible, probable, mais désolé. Il ne se réalisera pas. Pour le premier mois du moins. Je les ai un peu déjoués. Sans le savoir. J'ai écouté mon instinct. Chanceux aussi. Merci,

Alex. On dit que chacun fait sa chance. Je le crois. De toute façon, ce n'était pas précisé dans le contrat. Pas une obligation non plus. De souffrir. La nature humaine est forte. En situation d'urgence, de stress, elle s'adapte rapidement, trouve les solutions, les applique sur le champ.

Je ne dois pas me dévaloriser pour autant. Non, je ne souffre pas. Non, je n'irai pas dans mes retranchements lointains. Oui, je vis une expérience emballante, mais pas toujours facile. Vraiment pas. J'ai tendance à oublier. Je vis dehors, pas toujours par choix. Je marche ou roule à bécane. Je me nourris plus ou moins bien. Je travaille dur, me lève tôt, me couche souvent tard, malgré moi. Je n'ai pas d'intimité, de confort, de tranquillité. Je vis dans un environnement pas très salubre. Ne mange pas à ma faim. Me prive constamment. Côtoie un univers marginal, à l'opposé du mien. Si ce n'est pas assez pour eux, ce l'est assez pour moi. Beaucoup de choses à assimiler en très peu de temps. Ma capacité d'adaptation est mise à rude épreuve, mais je réagis bien.

Pas terrible mon alimentation jusqu'ici. Pas de poisson ni de poulet, sauf quelques pilons ici et là. Pas de fruits. Pas trop grave, je ne suis vraiment pas fruits. Le sucré, on oublie. Du steak haché en masse. Des légumes. Des pâtes. Ma baisse d'énergie des derniers jours trouve peut-être là sa réponse ? J'ai aussi travaillé de nuit.

De 3 à 7. Pas évident. Une baisse d'adrénaline aussi. Assurément. L'adrénaline, je connais. Je sais reconnaître son effet. Lorsqu'elle arrive, lorsqu'elle repart. Rien à voir avec la fatigue, ou si peu. L'intensité, la fébrilité, la charge émotive des quinze premiers jours me rattrapent. Impossible d'y avoir fait face sans que l'adrénaline m'énergise, me soutienne. Depuis une ou deux journées, je la sens moins présente. En dose plus faible dans mon organisme. Quelle magnifique bête quand même que l'homme. Une création unique, une œuvre complexe. Mais je devrai me méfier. Les baisses trop subites d'adrénaline n'annoncent rien de bon.

Dernière journée de travail. Quelques heures seulement. C'est bien assez. Trois cent quarante dollars au total. Gagnés au noir, illégalement. Je suis un malfrat. Je l'attends, Big Brother. Mais se savoir riche, quel effet incroyable ! Que de pression qui tombe ! C'est fou comment relatives sont les choses. Comme la richesse. Une somme d'argent ridicule pour la majorité devient un trésor pour d'autres. Impossible de ne pas comparer. C'est plus fort que nous. Ça nous rassure ou nous insécurise. On connaît tous le dicton. Quand on se compare, on se console   ou on se désole. Tout ne tient qu'à ça. Quand même. Faut pas être plus vertueux que la vertu. La comparaison a ses limites. La relativisation aussi. L'argent, on aura beau dire, influe sur le bonheur.

Solidement. Sinon pourquoi, systématiquement, les personnes qui déclarent les plus hauts revenus affichent un indice de bonheur de huit à dix points plus élevés que ceux qui déclarent les plus faibles revenus ? Ça n'assure pas les plus riches du bonheur, que non. Ni les plus pauvres du malheur, mais l'incidence est indéniable. L'argent ne couche pas avec le bonheur, mais ils se fréquentent sérieusement. Toute relative qu'elle soit, la situation financière des individus arrive au cinquième rang. Des facteurs d'influence du bonheur, toujours.

Le problème est non pas l'argent, mais la cupidité des hommes. Présente partout, elle se manifeste sous toutes les formes imaginables. Le gain, la possibilité d'en faire plus, toujours plus, à n'importe quelle condition, peu importe les conséquences, à gauche ou à droite. Une maladie. Un vrai cancer. Il déforme la réalité, justifie l'injustifiable, occulte tout, rend caducs des mots pourtant chargés de sens. Respect, dignité, jugement, raison, sens commun, humanisme et combien d'autres. La cupidité, c'est la plus grande menace de l'homme. Elle le tuera. D'une mort lente. C'est déjà bien parti. D'ici là, ceux qui sont cupides, ils sont nombreux, souffrent. Sans le savoir. Si l'argent influence positivement le niveau de bonheur, la cupidité agit en sens inverse. Un dogme suicidaire. Sur le plan personnel, mais davantage sur le plan collectif.

L'argent! On ne parle que de ça. Une fin en soi. Fatigant à la longue. Essentiel paraît-il? Qu'on en ait beaucoup ou pas pantoute. Pas pour les mêmes raisons. Les écarts font tellement chier parfois. L'usage qu'on en fait, davantage. Ahurissant. Comme cette conversation que j'ai volée. Dans un café. Le gars, friqué, qui explique à son chum, également friqué, sans se plaindre ni se vanter, son récent week-end en bateau. Montréal-Québec aller-retour sur le fleuve, 8 000 dollars d'essence. Les oreilles me tintent. Mais quel navire a-t-il? Un paquebot? Non. Un genre de yacht d'après ce que j'ai pu comprendre. Me rappelle plus tellement le nombre de pieds. Pas une chaloupe, c'est certain. Je pense à mes 340 dollars gagnés au noir et à ma situation. J'en ris. Aux 592 dollars d'allocations d'aide sociale. J'en pleure.

Les deux gars poursuivent leur conversation. Je ne leur en veux pas. Je constate. Leur univers est celui-là. À des années-lumière de celui des personnes que je côtoie. Ils vivent tous dans la même société, la même ville, marchent dans les mêmes rues, possèdent le même droit de vote, s'installent sur la bolle une ou deux fois par jour. Les similitudes ne vont guère plus loin. Comment alors arriver? Quel est le dénominateur commun? Comment plaire aux uns, ne pas les brimer, stimuler leur dynamisme, leur talent, entretenir leurs rêves sans que les autres crèvent de faim, croupissent dans la misère ? Les politiciens sont des pas bons ! C'est ce que tout le monde pense, ou presque. Je le pense aussi. Mais la job n'est pas facile. J'avoue.

Le frigidaire est vide. Alex le sait. Son porte-feuille aussi. Une visite à la banque alimentaire s'impose. Je l'accompagne, intéressé et curieux de voir le fonctionnement, d'examiner la récolte. Elle se révèle plutôt faible. Très faible même. À l'opposé de celle d'il y a deux semaines. Tant en quantité qu'en qualité. Le pain, en baguette, est dur et immangeable. Les mangues, en quantité presque industrielle, sont molles, pourries à certains endroits. Quelques conserves, des asperges limites, des céréales que l'on ne donne aux enfants qu'en récompense et du Jello en poudre complètent le tout. Je comprends le système. On ne peut donner ce qu'on n'a pas. Malgré la meilleure volonté du monde.

Une autre réalité émerge. La dépendance. Pas une panacée, les banques alimentaires. Utiles et nécessaires, certes. Une garantie, non. Ceux et celles qui s'y fient pour s'alimenter sont dans le varech. Je fais quoi avec six mangues maganées ? Déjà qu'une ! Avec cinq baguettes en béton ? Je ne critique pas. Bon Dieu, non. Ça serait indé-cent, tellement non mérité. Mais c'est un fait. Un cercle. Une roue. Tout commence par le don. D'abord le plus facile. Celui d'argent. Pour faire tourner la roue.

Ça me rappelle Chantal Lacroix, quand je collaborais à son émission. « Le bonheur qu'on a vient toujours du bonheur qu'on donne », qu'elle disait. Pas tort, la belle Chantal. Toujours plus élevé, l'indice de bonheur des personnes qui donnent. De l'argent un peu, de soi davantage. Plus qu'un mot, l'altruisme est une valeur fondamentale. C'est aussi le seizième facteur d'influence du bonheur. L'égoïsme ! Je ne crois pas. Pas vu encore aucune trace, aucun signe pour l'affirmer. Pour le moment. Ouf !

Annexée à la banque alimentaire, dans le même immeuble, je découvre une soupe populaire. La curiosité m'y pousse davantage que le besoin. On dirait une cafétéria. Installée dans le sous-sol de ce qui était auparavant une école. Je m'attendais d'y voir une faune épeurante. Je me suis trompé. Encore une fois. Il y a des pauvres, oui. Quelques itinérants, mais aussi des personnes âgées, seules. Beaucoup d'hommes. Des travailleurs aussi. Ceux du coin, de l'immeuble. Des personnes impliquées dans l'action communautaire. L'atmosphère est bon enfant, détendue, sympathique. La propreté des lieux me frappe. Presque irrésistible, l'odeur de la bouffe m'interpelle. Trois dollars pour un repas complet. Je résiste, mais je prends note. J'y reviendrai.

À peine revenu de la banque alimentaire, je vois Jim, le baseman du groupe, se pointer à l'appart, la tête entre les deux jambes. Une catastrophe. Une autre. J'en entends plus depuis vingt jours que durant mes dix dernières années. Son coloc de trois semaines, un Ontarien, s'est volatilisé avec tout son cash. Douze mille dollars dans un petit coffre de sécurité. Sa fortune. Tout ce qu'il avait. Accumulée sagement depuis un an pour lui permettre de se consacrer entièrement à la musique. Comment il le gagnait, cet argent ? Je m'en doute, mais je m'en fous. Pas un voleur, le gars. Atterré. Plus d'argent pour payer le loyer. À peine pour manger. Et boire. Sensible, empathique, Alex lui offre le divan. Le temps qu'il en aura besoin. Je comprends le geste. Je ne peux m'y opposer, mais ça ne m'enchante guère. Déjà le bordel, je n'ose imaginer un troisième larron.

J'en prends l'habitude. La soirée n'est pas commencée que je pars en tournée. Plus souvent à pied. Un arrêt dans un parc. Ma salle à manger. Un peu écœuré de la salade de pois chiches, le bourgeois monsieur. Deux, trois fois, ça passe. Quatre et maintenant cinq fois, pus capable. Je comble un besoin davantage que je me délecte le palais. De mon poste d'observation, un autre élément de Montréal me frappe. Le nombre de fumeurs. Plus élevé que partout ailleurs. Les pauvres fument plus que les riches, je sais. Je vis dans un quartier assez rock and roll, merci. Je sais. Malgré ces excuses, je vois des fumeurs partout. Peut-être l'élément manquant du trio. Tatouages, piercings et maintenant cigarettes.

Yes, le voilà réuni. Sa mise en marché, manifestement, est déjà commencée.

La tournée se termine toujours par le café. Les habitudes, c'est fou comme elles s'incrustent rapidement. Même dans une situation hors de l'ordinaire, temporaire. De véritables aimants. Mais elles me sont nécessaires, comme des repères, des poteaux. Sinon, mon équilibre vacille, mes pensées s'embrument, s'attristent. Rassurantes, confortables, elles permettent un arrêt, un repos et agissent comme un tremplin. Faut pas qu'elles me guident, que j'agisse en fonction de ces habitudes, mais elles sont essentielles. J'en suis conscient. Je l'apprécie.

Le retour à l'appartement est tranquille, relativement. Déjà vu pire.

La journée entière est consacrée à l'équipe de production. Des entrevues, des images. Ils doivent amasser du matériel, couvrir différents sujets. Je suis prêt, comme disait Charest. Dans ma troisième semaine, l'équipe de production veut connaître la réponse à la vraie question. Peut-on vivre avec 592 dollars par mois ? Je l'attendais. Mon idée était faite avant même de commencer l'expérience. Elle ne s'est que confirmée, affirmée. Non. Avec 792 dollars ? Non encore. Moins catégorique cependant.

Impossible de ne pas exploiter le système. Un réflexe conditionné par les besoins. Ce qu'ils reçoivent est insuffisant. Pour quelques mois, du dépannage, peut-être. Sitôt que la situation s'étire, cinq, six mois et davantage, c'est un exploit. Le recours aux banques alimentaires, aux soupes populaires même, est indispensable. Ou l'aide d'amis, de parents. Rien d'intéressant dans cette vie. Même pour les Bougons.

Une prison à ciel ouvert, sans barreaux ni menottes. Le BS, c'est exactement ça. Une prison, pire encore que la vraie parce que tout est accessible, et que rien n'est possible. Si oui, à des coûts mortels. Chaque abus est cher payé. Chaque gâterie aussi. La marge de manœuvre, inexistante. Les choix également. L'étau se resserre. Inexorablement. Il n'y a que des non-choix qui entraînent d'autres non-choix. La petite dette devient la grosse dette. Le prêteur apparaît, juste à côté de l'établissement de crédit. La banque alimentaire se substitue, plus ou moins souvent, à l'épicerie.

Le BS est exposé aux mêmes produits que celui qui met 8 000 dollars d'essence dans son bateau. Il est humain, tout comme l'autre. Rêve aussi. Pas aux mêmes choses, mais qui a dit que l'on devait rêver aux bateaux ? La société l'attise constamment, l'allèche, le courtise même. Que peut-il faire ? Comment peut-il résister ? Ne pas emprunter des voies complémentaires pour assouvir des besoins créés par la société ? Les plus catholiques que le pape sont rares. Surtout par les temps qui courent. Même les mieux attentionnés n'y arrivent pas.

Le problème est complexe, la solution, pas évidente. Impossible de plaire à tous. Les fonctionnaires qui doivent s'y dépêtrer, je les plains. Il est permis toutefois de penser tout haut, d'esquisser des solutions, naïves sans doute et probablement déjà envisagées. Ainsi, après quelques mois, la prestation d'aide sociale devrait augmenter, mais en retour d'une contribution sociale du prestataire. Ceux qui sont aptes à travailler. Les besoins ne manquent pas. Une bonification de 200 dollars additionnels. Pour quelques heures de travaux communautaires. Cinq par semaine, au salaire minimum. Pas une obligation. Une participation volontaire, une option additionnelle, contrôlée. Je ne sais si cette solution est de gauche ou de droite. Je m'en fous. Ça me semble logique, plein de gros bon sens. C'est ce qui compte.

Une option qui demande un engagement, notion qui renvoie à deux caractéristiques essentielles déjà abordées. Fiabilité et responsabilité. Elles se développent, s'apprennent. Redonner aussi le goût du travail. S'il se perd, il se retrouve. Leur permettre de contribuer, socialement, humainement. En bout de piste, c'est le plus important qui est touché. L'estime de soi. Au-delà de la pauvreté, de la précarité et de leurs conséquences, leur plus grande souffrance est l'absence d'accomplissement. Le vide. D'une grande tristesse. C'est le premier facteur

d'influence du bonheur. Le sentiment de réussir
sa vie. Que cette dernière corresponde le plus
possible à celle souhaitée, rêvée. Ni un souhait
ni un rêve que leur vie. Un état que l'on endure,
que l'on subit. Certains espèrent encore, d'autres
s'y font, l'acceptent, se résignent. La vie devient
alors longue, la dignité, un simple mot.

Réussir à les valoriser. Leur redonner
confiance, ne serait-ce qu'un peu. De *loosers* et
passifs aux yeux de la société, ils deviennent des
actifs. Petits, mais quand même. Faut commencer
ou recommencer quelque part. Tout est là. Indi-
viduellement, collectivement, comment transformer un passif en actif. Un exploit, mais réalisa-
ble. Faudrait d'abord demander aux artistes, aux
visionnaires et aux sages, les seuls capables de
miracles. Éviter à tout prix l'avis des politiciens,
des gestionnaires. À la fin seulement et encore.
Sinon, c'est peine perdue. Rien à faire.

Je ne connais pas de société sans pauvreté.
L'une est inhérente à l'autre, comme le soleil
et la pluie. Faut faire avec. Tant qu'il y aura des
hommes, un certain nombre d'entre eux demeu-
reront accrochés, dépendants du système, quel
que soit ce système. La paresse et la lâcheté sont
des caractéristiques humaines. Ajoutez l'éducation, les parcours de vie, les malchances et les
malheurs, et tous les ingrédients sont réunis.
Ceux d'une tranche de la société qui vit aux
crochets des autres. J'accepte, j'admets ce fait,

mais cette frange m'apparaît trop grande, trop importante. Elle déborde de sa définition. Les écarts me semblent des gouffres, m'inconfortent. La pensée dominante n'a rien à faire des pauvres. Elle les endure, les supporte. Un mal nécessaire. Une épine dans le pied, tannante, qui pique, de temps en temps. On se gratte et c'est fini. Jusqu'à la prochaine démangeaison. Comme société, on pourrait faire mieux.

Difficile de se mettre dans la tête des autres. Encore plus dans celle des pauvres. De se poser des questions, d'appliquer des solutions à partir de la réalité des autres. À quoi ça sert? S'interroger sur le sort d'autrui sans se mettre dans leur peau. Ça me fait penser à l'Iran. Son combat avec les grandes puissances pour se doter du nucléaire. Tout le monde dénigre ce pays, le juge, le condamne. Toujours en fonction de sa qualité de Nord-Américain, d'Européen, d'Israélien. Et si on se mettait dans la tête d'un Iranien? Deux minutes seulement. La perspective changerait. Complètement. Quand entend-on ce point de vue? Toujours à eux à se mettre dans notre peau? Jamais l'inverse. Comme dit le proverbe: «Il faut être deux pour danser le tango.»

Je vis dans l'autre point de vue. Depuis trois semaines. Les perspectives ne sont plus les mêmes. J'ai seulement changé de lunettes. Ce que je vois avec elles diffère de ce que je voyais avant. Je peux comparer, faire la part des choses.

Comprendre davantage une réalité qui n'était
pas la mienne. Dépasser les préjugés, les idées
préconçues. Je ne suis ni meilleur ni supérieur,
mais ma vision s'élargit. Une expérience riche
et révélatrice. On devrait en faire un stage. Le
rendre obligatoire. Pour tous les dirigeants, les
politiciens et les bien-pensants de ce monde.
Leur perception changerait. Celle de la population aussi. La société, peut-être, sans doute, se
porterait mieux.

La caméra est en action depuis près d'une
heure. Je commence à me répéter. Je le réalise. On
coupe. Je me suis vidé le cœur et l'esprit. Toujours
une bonne thérapie. Et puis on m'écoute, je
pense. L'heure du lunch arrive. Pour l'équipe de
production. Le même manège qui recommence.
Les mêmes tergiversations. L'un préfère le thaï,
l'autre des sushis, ou encore une salade. La soupe
tonkinoise est excellente à tel endroit, tel restaurant n'est pas terrible. Ça n'en finit plus. Un peu
« faiseux » comme attitude. Un peu lourd aussi. Ça
détonne avec l'entrevue d'il y a quelques minutes,
le milieu que je côtoie, la privation qui constitue mon lot. Je ne dis mot, mais le non-verbal
s'exprime. Ils comprennent, un peu coupables,
réalisent l'offense et s'entendent rapidement sur
l'endroit.

Pas le choix. Je dîne avec eux. Quand même
pas un chien qu'on attache au parcomètre en
attendant. L'équipe m'offre le dîner. Wow.

Parfait, mais je n'ai pas très faim, ne sais trop quoi commander. Une petite entrée suffira. De plus, mon sentiment de culpabilité demeurera sauf. Les assiettes arrivent. Celles des tables à côté. Les nôtres ensuite. Je suis estomaqué. Des proportions. Ce n'est qu'un dîner après tout. Des hamburgers noyés dans des frites, des viandes, toujours accompagnées de frites, des assiettes bien remplies, bien garnies, quelques salades, mais costaudes. Vont-ils tout manger? Vraiment? Le simple fait de regarder les assiettes m'enlève l'appétit. Le choc est réel. Le constat est tranchant, sans équivoque. On mange trop. Beaucoup trop.

Pas que les assiettes qui débordent. Les bedaines aussi. Les bourrelets sont abondants, les derrières généreux, les cuisses qui pètent dans des jeans devenus trop serrés, banals. Ça ne fait aucun doute. On mange trop et mal.

Vivre pour manger. On a inversé le premier et le dernier mot. La plupart des clients n'ont pas besoin de manger autant. J'en suis convaincu. Les calories gagnées l'emportent facilement sur celles perdues. Aucun doute. Repus, balourds, le sommeil les attend au détour. L'obésité n'arrive pas du ciel, mais par la bouche. On est de plus en plus gras. Les jeunes particulièrement. Pas vingt-cinq ans et déjà dix ou quinze livres en trop. Ça sera quoi à quarante ans? Après deux enfants? Mange-t-on nos émotions? Sommes-nous capables d'avoir un minimum de contrôle?

Pas certain. Les cours d'éducation physique à l'école? *Out*, réduit à des niaiseries. Belle affaire. Comme n'importe quoi. Moins on bouge, moins on veut bouger. Trop de calories «in» pas assez de calories «out».

La faim, l'alimentation, des révélations pour moi. Il faut se priver pour réaliser qu'on en avait trop. Qui blâmer? La société, bien sûr. Elle a le dos large, mais elle n'apporte pas que du bon. Elle glorifie la consommation, s'époumone à nous faire dépenser. La bouffe n'y échappe pas. Alors, on mange. Quand même pas de la dope, qu'on se dit. Pas si dommageable. La gourmandise, l'un des sept vices, est devenue une vertu. Tellement bonifiée, acceptée socialement, qu'elle influence positivement le bonheur. Très révélateur. Les problèmes de surpoids trouvent là une petite explication. Plus un défaut, le mot gourmand, mais une appellation gentille, un péché mignon. Une valeur ajoutée que l'on s'approprie sans gêne. Les restos, cafés, boutiques se l'arrachent.

Dans le fond, celui qui a raison, c'est Épicure, philosophe grec né au IVe siècle avant Jésus-Christ. Il a concentré sa pensée autour des sensations, faisant de ces dernières le critère des connaissances, de la morale et des plaisirs qu'elles procurent, l'un des principes du bonheur, «à condition d'en rester maître». Le hic, il est dans ces cinq derniers mots.

L'équipe de production est agréable. Les longues sessions de tournage et d'entrevues se supportent mieux. Sitôt terminé, je n'ai qu'une chose en tête. La lecture de *The Road*. La réalisatrice m'avait averti. C'est glauque, sombre, triste et sans espoir. Pas vraiment une bonne lecture pour quelqu'un dans ma situation. Le livre a un effet contraire. Les premières pages une fois assimilées, la lecture devient plus facile. Le dictionnaire anglais, moins souvent utilisé. L'univers et l'atmosphère sont tellement sinistres, lugubres, que, en comparaison, les miens apparaissent comme un paradis. Plus fascinant encore. Le père, l'un des deux personnages, eh bien c'est Claude. Ses valeurs, sa capacité à vivre avec le minimum, son humanité. C'est lui. Je peux même imaginer une ressemblance physique. Je suis accro.

The Road comblera le vide. Celui causé par l'élimination du Canadien. Pas encore officielle, mais ça sent les vacances. Mes craintes étaient fondées. Pronger bûche comme un malade, mais s'en tire. Richards se fait plus détestable encore que je pensais. Et voilà que Brière, l'imberbe à la voix insignifiante, joue les héros. Je les déteste. Souverainement. Même leur uniforme. Grossier. L'intérêt est moins présent aussi. Pas seulement le mien. Celui de Claude, de la tribu, de toute la ville. La fébrilité, moins palpable. Pas comparable avec celle des deux séries précédentes.

Pierre Côté

Comme si on n'y croyait plus. Parvenus là où on ne devait pas se rendre, on est satisfaits de nos petits gars. On en a eu pour notre argent. On se contente. La coupe ne sera pas pour cette année. C'est écrit dans le ciel. On le sait.

Merde! J'ai beau chercher, introuvable. J'ai perdu la clé du cadenas du vélo. Mauvais début de journée. Sans vélo, je suis handicapé, diminué. D'abord, scier le cadenas, ensuite m'en procurer un neuf. Comme si j'avais ça dans mes poches, une scie à fer. La quincaillerie pas loin devrait m'en passer une. Je leur laisse mon permis de conduire et 50 dollars en garantie. Par chance, j'avais du liquide de mon travail au noir. En moins de deux, le vélo est libéré, mais à Montréal, sans cadenas, la vie utile d'un vélo est de quelques minutes. C'était un bon cadenas. Pas question d'aller au moins cher. Même s'il s'agit de celui de mon fils. L'équivalent ou mieux. Quelques visites me confirment le coût de ma malchance. Vingt-six dollars. Ma calculatrice mentale démarre. Je revois mes objectifs. À la baisse. Impossible de commencer le prochain mois avec 100 dollars dans mes poches.

La catastrophe a été évitée. En ce moment, je réalise encore plus que mon travail au noir m'a sauvé. Sans cet argent, ma malchance de 26 dollars aurait pris des proportions gigantesques, m'aurait obligé à des choix déchirants. Avec seulement 592 dollars, je serais déjà à sec.

Ou presque. Incapable de me nourrir correctement. Contraint de jeûner, de fréquenter les soupes populaires, de quêter quelques dollars pour finir le mois. À qui? Comment? À quelles conditions? Dans une telle situation, le cadenas devient secondaire, accessoire. On s'en passe, on laisse le vélo dans le portique, on limite ses déplacements. Et ce n'est qu'un vulgaire cadenas de vélo. Pas un frigidaire ou une cuisinière qui rendent l'âme. Les non-choix alors s'installent, s'imposent. Rarement les bons. En entraînant des pires encore. La roue qui s'enfonce.

Pour le commun des mortels, 26 dollars, c'est rien. Une bagatelle. C'est plate et c'est tout. Pour celui qui dépense 8 000 dollars en essence pour un week-end en bateau! Je ne sais pas. Incapable de me mettre dans sa peau. Il ne se promène sûrement pas à vélo. La relativité des choses, je l'ai en pleine face. Une niaiserie pour l'un, une catastrophe pour l'autre. Est-il possible de vivre avec 592 dollars par mois? Non et encore non. 792 dollars par mois? Un exploit. Sans aucune place pour le hasard, sans aucune marge de manœuvre pour y faire face. Pas une vie.

Ma nouvelle clé de cadenas, j'aurais le goût de me l'attacher dans le cou. Je rage un peu. Ça ne dure pas. La journée s'annonce belle. Je pars à vélo, à la découverte, mon éternel sac à dos sur les épaules. Mon expérience, je la vis à fond. Montréal aussi. Comme une vraie parenthèse. Je suis choyé. Ma vraie vie, j'y pense rarement. Elle me rattrapera bien assez vite. Mon travail, mes amis, ma blonde et le reste, c'est loin. Comme voilé, givré. Vivre le moment présent. Ça doit être ça. Jamais ressenti pareille sensation. Quand même bizarre. En même temps que cette expérience me ragaillardit, exacerbe mon sentiment de jeunesse, la réalité quotidienne suscite constamment des impressions contraires. Pour me faire chier je crois. Compliqué comme paradoxe. Comme un combat entre le jeune que je sens être et le quinquagénaire que je suis. Ce dernier ne veut pas laisser facilement sa place au premier. Pour moi, le choix est facile, mais la réalité se révèle tenace.

9

Histoires d'horreur

LE WEEK-END DÉBUTE comme tous les autres. Dans l'angoisse de meubler le temps, de remplir les trous. Pourquoi cette sensation apparaît-elle le week-end et disparaît-elle la semaine ? Sûrement un blocage. Ne rien faire, me regarder pousser le poil pendant deux jours. Impensable. Un sentiment de culpabilité m'envahit. Une petite voix intérieure me sermonne. Incapable de lui répondre, de la confronter et de l'envoyer paître. Faudra bien un jour que je m'assume, me lève et l'affronte. Ça ne sera ni ce soir ni demain, j'en ai peur.

La levée du corps ce samedi matin se révèle ardue. Bien beau l'impression de jeunesse, mais la réalité n'abdique jamais. Sournoise, elle se cache, attendant le moment propice pour frapper. Celui où je suis le plus vulnérable. Elle frappe plus fort. Comme pour me rappeler mon âge, me le faire sentir, me faire payer mes abus. Le scénario du vendredi soir s'est encore répété. Au retour de mon

errance au Presse Café coin Saint-Denis et Ontario, le band était réuni à l'appart. Pas un jam, mais
une pratique officielle. Leur show est dans une
semaine seulement. Leur session n'était pas finie
que d'autres membres de la tribu se sont pointés.
La pratique a tourné au jam, virevolté dans tous
les sens, et s'est terminée en queue de poisson. Les
esprits se sont échauffés. Direction *L'Apôtre*. Quoi
de mieux ? Je n'y suis pas allé. Claude non plus.

On a discuté, malgré nos états avancés. Le sien
surtout. J'éprouve vraiment beaucoup d'affection
pour cette espèce de romanichel suspendu entre
le passé et le présent, effrayé par l'avenir. Sa situation m'attriste. D'un coup de baguette magique,
il voudrait l'effacer. Faire apparaître celle qu'il
souhaite. Impossible. Il est solidement enlisé,
traîne des séquelles d'une rupture mal digérée,
souffre d'un bris de confiance en ses moyens.
Tiraillé entre la marginalité qui le caractérise
et dans laquelle il se plaît et l'attirance pour un
certain confort, une vie plus stable, encadrée. Une
cohabitation difficile. Impossible à la lumière de
ce que je vois. Des choix s'imposent. Des choix
drastiques, quels qu'ils soient. Des choix qu'il
ne peut assumer. Pas dans la situation qui est la
sienne. La rupture s'avère la seule prescription.
Aucune n'est facile, c'est le propre d'une rupture.
Un non-choix. Pour s'en sortir. Il est rendu là.

Je l'ai écouté, encouragé. J'ai essayé de passer
de très subtils messages, mais je ne me sentais

aucun droit. Ni de le juger, encore moins de le brasser. Un coach, qu'il m'a dit. Je devrais être un coach. C'était gentil. Je sentais ma valeur. J'aurais eu le goût de le serrer dans mes bras, assez fort pour lui transmettre ce qui lui manque, ce qu'il a perdu.

Ici à l'appart, dans la rue, au travail, que des histoires d'horreur. Anaïs, son parcours insolite, son hyperactivité et l'aventure rocambolesque de son Winnebago. Jim, sa rage intérieure et son coloc voleur. Alex, son ascension vers la gloire, sa descente en enfer, son mal de vivre. Ses chansons le trahissent. Même à travers leur beauté. Les travailleurs au noir paumés, que ce soit pour la distribution de coupons-rabais ou le travail de ménage. Une constance demeure. Un dénominateur commun s'impose. Une brisure. Une cassure. Mentale, psychologique. Il y a un nom pour ça. La dépression. Immanquable. C'est le début. Ensuite, tout déboule.

La maladie du siècle qui s'amorce. L'OMS (Organisation mondiale de la santé) prévoit qu'en 2020 elle sera la première cause d'absentéisme au travail. Dans certains milieux, défavorisés surtout, 2020 c'est aujourd'hui. Si les regrets sont les cancers de l'âme, la dépression est celle de l'esprit. L'histoire d'horreur y puise souvent sa source. La consommation suit, souvent. La méfiance s'installe, la solitude se pointe, l'isolement s'amorce, l'abandon survient. C'est la dysfonction, la misère, la pauvreté et tout le regard d'une société à supporter. Une spirale, mais inversée, qui descend, s'enfonce, inexorablement, jusqu'à ce qu'elle atteigne le fond. Qui peut s'en relever ? Inverser le sens de la spirale ? Beaucoup abandonnent, végètent, attendent. Leurs rêves, leurs passions disparues, ils s'éteignent, comme des lumières, dans l'indifférence totale.

Un véritable fléau. Plusieurs membres de la tribu en ont souffert, en souffrent encore. Mal acceptée, mal diagnostiquée, mal traitée, mal vécue, les répercussions de la dépression sont nombreuses, incalculables. Quelle merde que cette maladie ! On ne sait pas ce qu'on a. On ne connaît pas la suite, ni la durée des traitements. On ne sait même pas si on s'en sortira. Quand ? Comment ? Avec quelles séquelles ? Aucune garantie quant aux résultats. On nage dans l'incompréhension, le doute et l'incertitude. Un épais brouillard. Pas un bras cassé ni une côte fêlée. Pas non plus une pneumonie, une sinusite ou un problème cardiaque. Quelque chose de brisé. Dans la tête. On ne sait pas trop où. Ni comment faire pour s'y rendre et l'arranger.

On ajoute de d'alcool, un peu de dope, des pilules ou un mélange des trois. Beau cocktail. Sans une force mentale hors du commun, sans un soutien solide de son entourage, la dépression est amplifiée. Ses effets, décuplés. Trop facile de juger, de condamner. Toujours les ignorants qui accusent. Je fais partie de ce groupe. Parfois. Moins maintenant. On est tous un jour ignorants. Faut simplement limiter ce nombre de jours.

La dépression, plus du quart des individus en sont victimes. Ça fait du monde en chien. On ne parle plus d'un phénomène isolé. Les traces laissées sont évidentes. Sur le bonheur à tout le moins. Un écart de huit points de l'IRB entre ces personnes et celui des autres qui n'ont jamais été confronté à une forme de dépression. Huit points, ce n'est pas rien.

Levé mais pas complètement réveillé, mon cellulaire sonne. La maison de production tire plus vite que son ombre. À peine mentionné l'existence de la soupe populaire annexée à la banque alimentaire, et les contacts sont déjà établis. Les arrangements sont conclus. Ils m'ont devancé. J'y travaillerai bénévolement quatre à cinq heures la semaine prochaine. En échange, un repas complet. Bon *deal*. Quant à eux, ils pourront tourner des images à leur guise. Ça se précise de plus en plus dans ma tête. Les exigences de la production télé n'ont d'égales que leurs contraintes. Élevées dans les deux cas. Dix émissions d'une heure, c'est énorme. Beaucoup de sujets, beaucoup de contenus, beaucoup d'images. Je suis leurs yeux et leurs oreilles. Leur faire-valoir. Leur outil aussi. Autant m'y faire. Ça m'occupe.

Je déménage. Dans quelques jours. Je sais précisément où je veux loger. L'équipe me le confirme. On en avait discuté. J'étais d'accord. L'équipe souhaite traiter plusieurs sujets, me voir dans différents contextes. Je dois faire une distinction. Ma vie chez Alex, si bouleversée et mouvementée soit-elle, est une chose, les besoins de l'équipe de production en sont une autre. Comme je suis engagé financièrement auprès d'Alex pour le mois de juin, l'équipe accepte d'assumer les frais de ce déménagement. J'aviserai les potes de mon départ dans les prochains jours.

En m'habillant, je constate que le conditionnement et mon régime alimentaire produisent des effets. J'ai perdu du poids. Impossible de dire combien. Un trou de ceinture, ça fait quoi ? Je mange peu. Le matin et le soir. Entre les deux, le désert. Ou presque. Quelques tranches de saucisson. Une barre tendre. Pour les déjeuners, Tim Hortons remporte la palme. Six gros muffins consistants pour 3,99 dollars. Une pinte de lait. Trois déjeuners pour 5,25 dollars. Y'a pas mieux. Pour les soupers, j'alterne. La salade de pois chiches enfin terminée, je me concocte un couscous. Pas compliqué, pas cher et nourrissant. Semoule de blé, merguez, sauce tomates, courgettes, poivrons, oignons, olives. Excellent, chaud ou froid. Essentiel. Pas de micro-ondes dans les parcs. Au moins quatre portions, cinq en forçant.

Je relis mes notes. Mine de rien, l'achat de
bière se fait plus régulier. Pas des tonnes ni des
caisses, mais une ou deux par soir. J'en saute un.
De temps en temps. Raisonnable. Pourtant. La
proportion que prend la bière dans les achats
d'épicerie me renverse. J'ai tout noté. Depuis
le début. J'ai beau refaire les calculs, toujours le
même résultat. Près du quart. Un petit sentiment de culpabilité m'envahit. Dix dollars sur
200 dollars, y'a rien là, mais 10 dollars sur
40 dollars! En pourcentage, c'est encore pire.
De 5 % à 25 %. Ayoye! Je n'en bois pourtant pas
beaucoup. Aucune marge de manœuvre. Vraiment. Comment arriver à se priver? Constamment, jour après jour? Tantôt la bière, plus tard
le dessert, sans compter la viande, le poisson, les
légumes, les fruits. Tout. Absolument tout ce qui
sort du strict nécessaire devient superflu. Qui en
veut de cette vie-là?

Rien au programme de la journée. Je ne
travaille plus. L'équipe de production non plus.
C'est samedi. Plus riche de quelques centaines
de dollars, ma recherche d'emploi a nettement
perdu de son intensité. La pression, comme
envolée. Il fait beau. Encore. Incroyable le temps
qu'il fait. Je le commanderais qu'il ne serait pas
meilleur. Le soleil, lorsqu'il brille, ne fait aucune
distinction entre riches et pauvres. Journée idéale
pour errer, me promener, m'enfoncer Montréal
encore un peu plus dans les tripes. Bien rempli,

mon sac à dos. Une portion de couscous dans un tupperware, mon saucisson, une barre tendre et de l'eau. Avec les deux muffins que je viens de me taper, je suis en voiture jusqu'à la fin de la soirée.

Rien faire, c'est long, malgré le soleil. Je lis, j'écris, fais la crêpe, vingt minutes d'un côté, vingt minutes de l'autre, change de pacage. J'observe, constate. Pas toujours chics, les parcs de Montréal. Si une ville est à l'image de ses parcs, je comprends pourquoi celle de Montréal fait si dur. Plusieurs sont tout croches, sales, mal entretenus, laissés à eux-mêmes. Dans l'est davantage que dans l'ouest. C'est connu. Les riches sont plus chialeux, plus exigeants. Les pauvres font avec ce qu'on leur donne. Qu'on ne les entende surtout pas se plaindre, ceux-là! Déjà qu'ils vivent, qu'ils respirent! L'état des parcs me le confirme.

Est-ce une question de budget? De compétences? De mauvaise volonté? Un mélange des trois? La réponse ne tarde pas. Ils sont là, à quelques pas. Les préposés à l'entretien du parc. Un qui conduit le camion, l'autre qui marche à côté. Pour ramasser ce qui traîne. Pas l'ouvrage qui manque. Je suis estomaqué, choqué. Il ne regarde que devant lui, ne ramasse que ce qui se trouve sur son chemin, dans son petit corridor. Comme un cheval avec des œillères. Le sac de McDo juste sur sa droite, celui d'IGA, à deux pas sur sa gauche, le gobelet de café plus loin, la cannette

de boisson gazeuse, rien. J'enrage. Je m'apprête à
me lever, à les ramasser, à les lui fourrer dans le
cul, mais une petite gêne me retient. Je le pourchasse des yeux, éberlué. Si j'étais son boss, je le
congédierais. Sur-le-champ. Il est payé pour un
travail qu'il ne fait pas. Ramasser les cochonneries des autres. Les autres, pas beaucoup plus
forts, mais lui, il est rémunéré. Tout le monde
est perdant.

Pas le goût de m'embarquer dans l'éternel
débat, mais les maudits cols bleus! Des bons, il
y en a plein. J'en ai vu. Des mauvais aussi. Trop.
Aucune fierté. Pas beaucoup plus du côté des
utilisateurs des parcs. « La fierté a une ville. » Pas
sûr. La ville pourrait être tellement plus belle.
Suffit qu'elle s'en donne la peine.

La journée se poursuit. J'ai envie. Ça m'arrive.
Dans les parcs, le moins souvent c'est mieux. Je
l'avais plusieurs fois constaté. Comme si j'étais
seul à avoir envie. Trouver une toilette relève de
l'exploit. À défaut, un endroit pour se soulager.
Quand c'est un numéro un. Pas évident, mais
passe encore. Pour les numéros deux, c'est une
autre histoire. J'ai beau chercher, il n'y en a pas.
Pas une maudite toilette. Chimique ou pas, je
m'en fous. Alors, il fait quoi, le gars? Les restos et
les *fast food*? Pas toujours collaborateurs. Alors le
gars, il le fait dans le parc. En arrière d'un arbre.
Pas si pire. C'est juste un petit pipi, cette fois.
Mais pour l'autre? La grosse job comme on dit.

Et les itinérants? On se plaint. On ne veut pas les voir. Ils nous écœurent, mais ils font quoi? Pas parce que t'es pauvre que t'as pas envie, une fois de temps en temps. Ben les itinérants, ils font comme moi. Ils vont dans les parcs. Pour les numéros un. Pour les numéros deux aussi.

Monsieur le maire, une ou deux toilettes ici et là, ça vous fera pas mourir. Ça va en soulager une gang, c'est certain. On a toujours ce qu'on mérite. Montréal a les parcs qu'elle mérite. L'art de transformer un handicap en avantage, j'en ai parlé. Montréal, avec plusieurs de ses parcs, réussit l'inverse. C'est une magnifique ville. Le nombre de parcs me renverse. Des grands, mais d'innombrables petits, tout petits. Cibole, peut-on en prendre soin? Et ce qui vaut pour les parcs vaut également pour le reste.

Assis dans le parc Lorimier, les données d'une étude de l'IRB sur Montréal refont surface. Ce qu'on aime et ce qu'on déteste de la ville. Ce qu'on aime, pas très compliqué ni surprenant. La culture, les activités et l'effervescence de la ville. Son âme finalement. Tout à fait d'accord. Moins drôle de l'autre côté. Dans ce que l'on déteste le plus, le trafic arrive en premier. La malpropreté juste après, en deuxième. Surprise, cependant. Ce dernier élément occupe le premier rang pour les Montréalais. Impossible de se cacher. De mettre la faute sur les autres. De prétendre que c'est une invention de l'esprit, une légende urbaine, une machination de ceux qui ne vivent pas à Montréal. Dans vos dents, les cols bleus. Ne piaffez pas de satisfaction, monsieur Tremblay. Pas seuls dans la galère, les cols bleus. La gestion municipale, la vôtre, arrive au cinquième rang de ce que les Montréalais détestent le plus de leur ville. Un petit lac à l'Épaule peut-être ?

Pas si folle finalement l'idée de faire de Montréal la capitale nord-américaine du vélo. Elle s'attaque à ce qu'on déteste le plus, le trafic et la malpropreté, sans rien enlever à ce qu'on apprécie le plus.

Drôle de bibitte quand même que cette ville. Un peu à l'image de ma tribu. Une délinquante, une marginale qui ne prend pas soin d'elle. Pas suffisamment d'orgueil pour se faire belle et désirable, mais suffisamment pour s'offusquer, se froisser à la moindre critique. Montréal est une alcoolique. Toujours en rechute, d'une brosse à une autre, avec, entre chacune, des moments de sobriété, des périodes d'illumination. Une ville particulière, un peu déglinguée, qui se laisse porter par l'air du temps. Comme un vieux vélo brinquebalant, qui craque de partout, mais qui roule, toujours et encore.

Montréal se laisse traîner. Tel un coloc paresseux et négligent à qui on pardonne parce qu'il a un je ne sais quoi qui le rend sympathique, unique et original. On l'aime et on l'apprécie autant qu'on peut le détester et le maudire. Ça dépend des jours, de notre humeur. La mienne est bonne, très bonne. J'aime Montréal, malgré elle.

Ma journée de samedi se poursuit. De parc en parc, de rue en rue. Le temps coule, doucement. Jamais assez vite. Le soir venu, une idée folle me traverse l'esprit. Me taper un film au cinéma. J'en ai vraiment le goût. Les moyens aussi. Ça me fera 12 dollars de moins pour entamer le prochain mois. *Millénium* 3. J'ai vu les deux premiers. En plein le film que j'ai le goût de voir. Je suis énervé, excité, légèrement coupable. Pas censé m'amuser, me divertir. Je ne l'avais pas prévu. Une belle sensation, un beau moment. Volé. Usurpé à la misère, à la petite vie.

De retour à l'appartement. C'est mort. Pas un chat. Pas un son. Je ne m'en plains pas et me couche. Des pensées pour Anaïs me traversent l'esprit. Seulement l'esprit. Elles ne peuvent se rendre plus bas. Quelqu'un, quelque chose, quelque part, empêche le transfert. Un mystère. J'abandonne. Une mèche que je ne l'ai pas vue. Au moins une semaine. Coupable d'abuser de l'hospitalité d'Alex, elle doit crécher ailleurs, que je me dis. D'autant que Jim s'est installé sur le divan depuis quelques jours déjà. Le temps est un salaud. Ou un ami. Je le réalise, une fois de plus. Mes sentiments sont moins exacerbés, plus mous. Comme le reste. Content ou déçu? Je ne pourrais le dire. Ni l'un ni l'autre. En ce moment, je n'ai besoin de personne. Je ne vis pour personne. Je suis dans ma bulle, dans ma parenthèse.

La journée du dimanche ressemble à celle du samedi. Splendide. Je la passe avec mon vieux pote. Celui qui m'héberge quand je couche à Montréal. Une méga randonnée de vélo. Sur l'île Sainte-Hélène, le circuit Gilles-Villeneuve, l'île Notre-Dame, le pont de la Concorde, le Vieux-Port, etc. Le bonheur. Mais avec son Argon 18 et moi, ma bécane, les forces sont inégales. Il le sait. Il en profite, pour une fois. Il se fait plaisir, me largue, me nargue, me fait suer et m'attend, petit sourire en coin. C'est bien lui. Cet été, il le paiera. Cher. J'ai une mémoire d'enfer.

Le soir venu, je suis mort. Triste aussi. Mon confort me manque. Mon intimité aussi. Vraiment. Davantage lorsque je suis crevé. La semaine qui commence ne m'inspire guère. Si j'avais le choix, je rentrerais chez moi. Sans passer « go », sans réclamer 200 dollars. Être actif, physique, toujours dehors, à vélo ou à pied, quelle que soit l'heure, c'est fantastique, mais il y a des limites. Que j'ai sans doute atteintes. Modifier ses habitudes, sa manière d'agir, c'est nécessaire, bienfaiteur. Je devrai me le rappeler une fois de retour à Québec. Mais le bourgeois pantouflard, ce soir, aimerait bien chausser ses pantoufles.

10

Changement de décor

L A VIE À L'APPARTEMENT prend de plus en plus des allures de cauchemar. Un environnement surréaliste qui me dépasse. L'arrivée de Jim y est pour beaucoup. Méchant numéro. Pas toujours jojo non plus. Un bougonneux de première qui vit la nuit. Carrément. Du jamais vu pour moi. La fête terminée, les autres couchés, il continue, rivé à son portable. Immanquable. Chaque matin, lorsque je me lève, il est encore debout ou plutôt étendu, sur le divan, son ordi sur le ventre. Des clips, de la musique, des clips et encore de la musique. Il se couche quand je pars. Je suppose. Encore couché lorsque je reviens, en fin de journée, il dort. En bobettes, tout éjarré, en plein milieu de la place. Pas chic. Malgré le soleil qui brille, l'appart est sombre, gris, sale, morne. La lumière, blafarde. À se tirer une balle.

Je demeure de moins en moins longtemps à l'appart. La cuisine est un bordel. Pas le goût ni l'énergie de la nettoyer, ne serait-ce qu'un peu.

Jim se lève, se prépare des hot dogs. Comme un rituel. Depuis près d'une semaine, je ne l'ai pas vu manger autre chose. Que des hot-dogs. Son humeur est exécrable. Sa présence à l'appartement provoque une tension. Je la sens. Pour ajouter au décor, Alex a installé une piscine. Dans la minuscule cour arrière. Cadeau de Jim. Pour compenser l'utilisation du divan. Je n'en crois pas mes yeux. Un décor irréel, burlesque. Les bords de la piscine frottent à la fois sur le coin de l'immeuble, la clôture et l'arbre. Presque impossible de passer. Bon *timing*. Il est temps que je parte.

J'avise Alex et Claude de mon départ. Pour une période de douze jours, à partir de demain. Je leur explique les raisons, les besoins de la série, les exigences de la maison de production, etc. Leurs réactions me surprennent. Sceptiques, ils n'achètent qu'une partie des explications. Je lis une certaine déception. De la culpabilité aussi. De m'avoir fait vivre ce que j'ai vécu. La fête, l'appartement sale et bordélique. Ils s'en excusent. Comprennent que je veuille partir. Je les rassure. Je suis sincère. Les liens affectifs qui nous unissent sont particuliers. Authentiques. À n'en pas douter. Je vais leur manquer, qu'ils me disent. La dynamique sera différente. J'apportais de la stabilité, du soutien, de l'encadrement. Je suis touché. Je ne croyais pas. Pouvais-je recevoir plus belle marque d'affection, de respect ? J'ai sous-estimé mon rôle, ma présence. Ils vont me manquer aussi.

Durant mon absence, Jim prendra ma chambre. Belle occasion de faire baisser la pression. Ils en sont conscients. Un mal pour un bien, finalement. Je conserve la clé de l'appartement. C'est chez toi. Tu viens quand tu veux, qu'ils me lancent. Les prochains jours seront différents. Nettement. À l'opposé des vingt-sept premiers. La solitude m'attend. Je la redoute. Content de partir, mais anxieux de me retrouver dans un univers différent. À des milles de celui que je quitte. De l'adaptation, encore.

J'ai opté pour une maison de chambres. La même que j'avais identifié lors du premier jour de l'expérience. Coin Saint-Joseph et Henri-Julien. Sur le Plateau. Douche et toilette communes, d'une propreté acceptable. Corridors étroits. Chambre déprimante. Quatre murs blancs, lumière pâlotte au plafond, un lit, une table, deux chaises, l'une qui ne tient plus debout, l'autre, branlante, un évier, deux ronds, un petit frigidaire. Aucun luxe. Aucun confort. Le strict minimum. Pas de draps, de couvertes, d'oreillers. Pas de cafetière, de vaisselle, de casseroles, d'ustensiles. Rien. Strictement rien. Je dois tout acheter. Pas prévu à mon budget.

Pas donnée non plus, la location. Pour ce que j'ai! 125 dollars par semaine, c'est énorme. Séjour minimum de deux semaines. Pas trop grave, c'est l'équipe de production qui paye. Quand même. Ça fait 500 dollars par mois. Impensable pour une personne dans ma situation. En me remettant les clés, la dame à la réception me fait signer un contrat. Exige un dépôt de 100 dollars. Je cherche à comprendre. Pour s'assurer que je laisserai la chambre en bon état, que je remettrai les clés, qu'elle me dit. Ah bon! Je lis en diagonale la page du contrat, le signe et lui donne l'argent. Trois cent cinquante dollars. Deux semaines de location plus le dépôt. Elle me remet un reçu. Insiste pour que je le conserve et le lui remette à mon départ. Sinon, pas de dépôt. Assez intense et draconienne comme politique, que je lui dis. C'est comme ça. Pas de reçu, pas de dépôt. J'ai intérêt à ne pas le perdre.

Je compte l'argent qu'il me reste. Cent trente-huit dollars. Mon objectif ne sera pas atteint. Commencer le mois de juin avec 100 dollars en poche. Impossible. Trop de magasinage à faire. Je dresse une liste. M'entend avec Alex pour récupérer les draps et un oreiller. Direction Armée du Salut. Quel hasard! Ils sont en promotion. L'Armée du Salut en promotion! Je dois rêver. Ne le sont-ils pas toujours? Je fouille. Pas terrible. Je trouve. Je comprends pourquoi ils sont en promotion. C'est cher. Une vieille poêle à 5,99 dollars. Capable de trouver mieux ailleurs. Des ustensiles usagés à 1 dollar la pièce. Tous dépareillés. Non, mais vraiment! Sont-ils au service des pauvres ? Ont-ils changé de vocation ? Visent-ils une nouvelle clientèle ? Une observation rapide des lieux me fait croire que oui. Des affiches promotionnelles un peu partout, des incitatifs. Le pauvre n'est plus recherché, ou si peu. Le client qui cherche une aubaine, souhaite dénicher un produit vintage, un gugus antique ou rétro, si, assurément. J'en sors, un peu frustré, les mains presque vides. Seule une couverture m'a convaincu. Cinq dollars.

Le Dollarama se trouve juste à côté. Une petite visite s'impose. Wow ! Quel contraste. Au niveau des produits. Des prix aussi. J'y trouve tout ce que je cherche. La vaisselle, en plastique, mais neuve, pétante avec ses couleurs fluo. Des verres, des ustensiles, une casserole, un poêlon. Tout est neuf. Pas de la grande qualité, mais parfait pour mes besoins. J'ajoute une couple de contenants en plastique, pour mes restes, mes lunchs.

Je n'ai plus que mon épicerie à faire. Plus de colocs à gérer, plus de cuisine à ramasser, plus de soirées arrosées. J'entends bien en profiter. Faire des économies. Sur la bière d'abord. Sur la bouffe ensuite. Mon record. Cinquante dollars d'épicerie. Quelques bières seulement. Très raisonnable, le monsieur. Le vin ? Je n'y pense même pas. Sans occasion favorable, sans rituel préalable, il n'a pas sa place. Du steak, des pâtes, une reprise de ma salade aux pois chiches, version améliorée. Je devrais faire cinq jours. Sans rien dépenser durant cette période. À part mon café latte du soir. Difficile maintenant de m'en passer. Ce moment, j'y pense, même durant la journée. Je l'anticipe. La lecture de *The Road* y est pour quelque chose. Quel roman fascinant. Plus j'avance dans la lecture, plus je l'apprécie.

J'apprivoise le secteur. La faune du coin, celle de la maison de chambres, les parcs. Les différences sont assez frappantes. La gent féminine surtout. Je ne retire pas ce que j'ai écrit. Je tempère. Quand même plus agréables à regarder que dans le quartier Centre-Sud. Surtout dans le parc Laurier. Un beau parc, animé, sur une rue charmante, agréable. Les tentations sont nombreuses. La privation difficile. La crème glacée surtout. Davantage en pleine canicule. Impossible de résister. J'y vais pour une molle à la vanille trempée dans du chocolat noir.

Plus discrète, moins visible, la misère dans ce coin-ci s'efface, se mélange à l'environnement. En arrière-plan, comme un fond flou sur une photo. La clientèle de la maison de chambres est quant à elle bigarrée. De tous les genres, de tous les âges. Des hommes principalement. Beaucoup d'immigrants, des travailleurs, des touristes, des bizarres un peu fuckés. Des prestataires de l'aide sociale ? J'en doute. Trop cher pour leurs moyens. À moins qu'ils reçoivent davantage que 592 dollars. Mais rien d'épeurant, rien d'extrême. Pas vu de seringues dans les corridors, de condoms dans les toilettes.

Entre la rue Ontario et Mont-Royal, toute proche, le choix coule de source. Active, affairée, énergique, son effervescence me stimule, me nourrit. Mes nombreux CV y traînent un peu partout. Aucune réponse jusqu'ici et peu d'espoir d'en recevoir. Beaucoup de monde, mais pas trop. Pas les cafés qui manquent. J'en visite plusieurs, saisit l'essence de chacun, jette mon dévolu sur le Second Cup, mon nouveau refuge. La possibilité d'être seul, mais entouré. L'anonymat sans l'isolement. J'adore.

Ma première nuit est atroce. Interminable, presque sans sommeil. La chaleur est accablante. La climatisation, on oublie. Nu sur mon drap, couché sur le dos, la sueur ruisselle sans arrêt. De mon visage, de mes bras, de mon corps. De partout. J'ai beau me concentrer, me conditionner, rien n'y fait. Je ne ferme l'œil qu'au moment où le soleil se manifeste. Pendant ce temps, il n'y a que le cerveau qui fonctionne, qui bourdonne. Pas moyen non plus de le mettre à *off*, celui-là. Pas de gars qui jamme pour me distraire. Que moi. Tout y passe. Encore une autre introspection. Je ne les compte plus. Rien de nouveau. Mais pour opérer un changement, la fréquence s'avère utile, essentielle. Bien placé pour le savoir, le bourgeois consultant en communication.

Ma vie y passe. Mes amours, mes enfants, mon travail. L'IRB et son utilité. Ou je suis brillant, illuminé, visionnaire, et cette passion

m'apportera autant que j'ai donné, ou je suis
rêveur, accroché, pathétique, et elle me conduira
à ma perte. Déjà qu'elle m'a mené à vivre cette
expérience particulière. J'en retire beaucoup, c'est
certain, mais après ? Qu'en restera-t-il ? Un trip
de gars qui se cherche ?

Pour la première fois depuis le début de mon
séjour, je m'attarde à ma vraie vie. Je pense à
mon retour à Québec. Pas vraiment une bonne
idée avec encore un mois à faire. Sitôt que je
me projette à Québec, je ne suis plus dans mon
expérience. Ni dans le moment présent. Je suis à
l'extérieur. Tout ce que je fais perd de son sens, de
sa valeur. Je me déprécie. La motivation ramollit.
Je le réalise. Je me conditionne à poursuivre, à
demeurer entier. Je m'endors, finalement.

Malgré le peu d'heures de sommeil, le pére
Piérre, comme dirait Phil, est en forme. Surprenant. Ma tête va mieux aussi. L'équipe de
production aimerait tourner des images dans ma
chambre. Faire une entrevue. Pas de problème.
J'ai du temps. Pauvre caméraman. Pas choisi
la bonne journée. Il doit faire 150 degrés dans
ma piaule. Je ne ferais pas son métier. Exigeant,
très exigeant. Surtout aujourd'hui. Il a chaud, le
mec, il sue à grosses gouttes. Une vraie lavette.
On l'agace, le taquine, se moque de lui. On en
profite. Pour une fois. Sitôt qu'il en aura l'occasion, ça sera notre tour. On le sait. On connaît le
moineau. Mais là, c'est son tour.

L'équipe de production insiste. Je dois utiliser plus souvent la caméra portative. Celle qu'elle m'a remise au début de l'expérience. Je le fais, mais pas assez. Elle souhaiterait que je me découvre une âme de reporter, de photographe. Que je recherche des éléments pertinents à filmer. Je veux bien. Ça m'occupera.

La journée est vite passée. Le soir arrivé, je me rends chez mes enfants. Ils demeurent ensemble, avec trois autres colocs. Un coup double à chaque fois. Simon vient de passer un mois dans le nord. À retaper une pourvoirie. Pas mal plus habile que son père. Je ne l'ai pas vu depuis un bout. Tout le monde est là. Mon neveu Francis et sa copine, Gab, l'ex-coéquipier de soccer de Simon, sa blonde Marie-Ève, ma fille Alixe, André et Manu, des amis. Une belle gang. L'atmosphère est à la fête. Je me sens bien. Je suis content de les voir tous les deux.

La fête gagne en intensité. Gab s'en charge. Un bon animateur. Bien équipé aussi. Rapporté du Mexique il y a trois ans, il débouche une bouteille de Mescal. La tournée de shooters débute. J'exècre, mais je ne peux m'y soustraire. La soirée se poursuit. Les shooters s'accumulent. La bière aussi. Soudain, en pleine conversation avec Alixe et Marie-Ève, l'espace de quelques secondes, paf. Je tombe dans les pommes. Inconscient. Simon me ramasse et m'étend sur le divan. Je ne suis plus là. La panique, semble-t-il.

Appel au 911. L'ambulance sur le point d'être envoyée, je me réveille. Une minute et demie au total. Une éternité pour eux. Je suis bien. Présent mentalement, mais le corps ne suit pas. Incapable de me lever. Il est à peine 23 heures. Fini la fête. Mes enfants m'entourent, s'enquièrent de mon état, me caressent les cheveux. Je sens le soulagement et l'émotion dans leurs regards, je vois des larmes sur les joues de ma fille. Ils ont eu la frousse. Tellement! Première fois que ça m'arrive. Pourtant. Je n'ai pas l'impression d'avoir abusé. La fatigue sans doute. Le manque de sommeil aussi. Le Mescal, sûrement. Un mélange. Ça ne pouvait m'arriver à un meilleur endroit. Auprès de mes deux enfants. Ils ont pris soin de moi avec une telle attention, une telle ferveur. Une belle preuve d'amour. Dans les circonstances, ce soir, je ne dormirai pas à la maison de chambres.

Onze heures plus tard, je me réveille. En pleine forme. Comme si rien ne s'était passé la veille. Mes enfants ont encore la frousse, je crois. Ils me concoctent un déjeuner de roi. Des œufs, du bacon, des tomates, du fromage. Wow. Premier déjeuner du genre depuis un mois. Ça change des muffins de Tim Hortons.

Il fait encore beau. Il fait toujours beau. La journée s'écoule, lentement, jusqu'au soir. Le soir du show d'Alex et de sa bande. Un petit bar underground dans le Quartier latin. Je retrouve les gars avec plaisir. C'est réciproque. Pas beaucoup de monde cependant. Une quarantaine. Des amis pour la plupart. Ma caméra est prête. Eux, plus ou moins. Erratique à plus d'un égard, problèmes techniques en sus, le groupe n'est pas prêt. Un show de rodage. Encore beaucoup de travail à faire. La matière brute est là. Excellentes, les paroles et les musiques d'Alex doivent apprendre à vivre ensemble, chacune se mettant au service de l'autre. Ils en sont conscients.

Anaïs est présente. Nous nous serrons dans nos bras. Longuement. Je lui ai manqué, qu'elle me dit. Elle est sincère. Je le sens. Avec son band, elle se produit au même bar. Plus tard, en soirée. Bon spectacle, bien rodé. Du bon gros rock lourd, solide. Comme la fois précédente, Anaïs illumine la scène. Tous les regards sont dirigés vers elle. Les miens aussi. Mais je suis crevé. Sitôt le show terminé, je l'embrasse, la félicite et m'en vais retrouver ma petite chambre miteuse. La meilleure chose à faire dans mon état. D'autant que, demain, cinq heures de bénévolat à la soupe populaire m'attendent.

Je me pointe à 9 h 30. Déjà sur place, l'équipe de production inspecte les lieux, détermine les plans, installe son matériel. On me présente Johanne. Ma boss. Chef et en charge de la soupe populaire du Comité social du quartier Centre-Sud. Sympathique, pas compliquée, le courant passe tout de suite entre nous. La visite des lieux me renverse. D'abord la propreté. Impeccable. Je pourrais dormir sur le plancher. Mieux, y manger. Tout luit, scintille. Une odeur invitante et apaisante enveloppe la cuisine. En y mettant les pieds, on s'y sent bien. L'envers de la cuisine chez Alex.

L'équipement m'impressionne. Comme un kid devant ses Tonka. Tant la quantité que la qualité. Les fours, les éléments de la cuisinière, la mijoteuse, les îlots de travail en stainless, les marmites, les couteaux, etc. Rien ne manque. Immense, la chambre froide est bien garnie, regorge de victuailles. Je suis estomaqué. Et encore, le mot est faible. J'appréhendais le contraire. Au menu du midi : crème de carottes, choix de spaghetti avec saucisses italiennes ou lasagne végé, choix de salades, pouding chômeur, boisson et pain. Trois dollars. Pour ceux qui ont la carte. Dix repas pour 30 dollars. Difficile de trouver mieux. Il y a les soupes populaires gratuites, pour les plus pauvres, mais la nourriture ne se compare pas.

Tout en m'affairant à couper les légumes, préparer les salades, l'histoire de cette soupe populaire m'est contée. Johanne, malgré la centaine de repas à préparer, est d'une grande douceur, d'un calme parfait. Le fonctionnement, le financement, les dons, l'approvisionnement, la clientèle, tout y passe. Je comprends mieux. J'apprécie davantage. L'heure du midi arrive. La clientèle aussi. On me transfère au service. Pierre et Sylvie, les deux employés, ne peuvent tout faire seuls.

Beaucoup d'habitués. Beaucoup d'hommes habitant le quartier. Seuls. Pas riches. Pas popoteux non plus. Comme un rendez-vous quotidien. Une occasion de manger un bon repas. Une façon de sortir de leur petit appartement, de leur solitude aussi. Une occasion de socialiser. Nécessaire, sinon c'est l'isolement. Des jeunes aussi, des pauvres, des personnes qui ont eu la vie dure. Qui l'ont encore. Des travailleurs également. Ceux des alentours, de l'immeuble où loge la soupe populaire. Des travailleurs œuvrant dans le social, le communautaire, l'humanitaire. Pas des millionnaires, mais des gens riches.

Je dîne à deux heures. Je n'ai même pas faim. Déjà un mois que je ne mange plus le midi. Pas besoin. Je me sers quand même une petite assiette. Trop bon. Je repars enchanté, ragaillardi. J'ai adoré ce travail. Apprécié les gens, l'ambiance, le climat. Johanne m'invite à répéter l'expérience. Aux mêmes conditions. Je reviendrai, c'est certain.

11

Je compte à rebours

MA CHAMBRE est d'une tristesse à mourir. Je n'y mets les pieds que pour me faire à manger et dormir. Incapable d'y rester davantage. Par chance, il fait beau. Je ne vois personne, à part les autres locataires que je croise. Pas de bonjours, pas de sourires. Tous des airs bêtes, des gens préoccupés. Pour se faire des amis, il y a mieux. Je ne sais si l'appartement d'Alex me manque. Là-bas, ce n'est pas l'action qui manque. Ici aussi, mais c'est dans la rue qu'elle se passe. Juste en face de ma fenêtre.

Deux nuits qu'ils dérangent tout le voisinage. Des jeunes, quatre, six, huit, ça varie. Toujours sur le balcon. La foire jusqu'à ce qu'il fasse clair. Je voudrais les étriper. Je ne suis pas seul. La nuit passée, la police est intervenue. De ma fenêtre, j'ai tout suivi. Pas édifiant, la police. Vers 4 heures du matin, un résident excédé, en robe de chambre, se trouve dans la rue, sous le balcon des morveux. Pas agressif, le monsieur, mais son ton ne laisse planer aucun doute. Sa requête est claire. Vous cessez tout de suite ou j'appelle la police. Elle arrive au même moment. Quelqu'un d'autre a dû le devancer. Immédiatement, le policier interpelle sèchement le bon citoyen, lui ordonne de se taire et de rentrer immédiatement chez lui. Non, mais. Comme s'il était coupable de quoi que ce soit, le pauvre. Il s'exécute. Le même policier commence alors à discuter avec les jeunes, fait des blagues, leur demande de se calmer, repart avec son collègue au bout de cinq minutes. Je n'en crois ni mes yeux ni mes oreilles. Les jeunes s'en fichent. Le bruit continue, quelques décibels en moins. Je m'apprête à descendre dans la rue à mon tour. La police se pointe à nouveau. Une gentille discussion. La demande de tantôt devient cependant un ordre. Les jeunes s'exécutent. De toute façon, il est déjà 5 heures. Plusieurs ne seront pas d'équerre ce matin au bureau.

Comme mon fils est revenu, je perds mon vélo. Un dur coup. Même si c'était prévu. Il le sait. Bon prince, il étire la location de quelques jours. Il utilisera celui de son cousin, absent. Un immense soulagement. Sans vélo, je suis kapout. Il m'invite. Une sortie père-fils. C'est lui qui paye. Ça fait drôle. On commence par le billard. Vraiment pas de taille le jeune. J'en gagne six sur sept. Celle que je perds, c'est ma faute. Je me suis empoché sur la noire. Affamés, on se tape un shish taouk chez Amir.

J'ai toujours été très proche de lui. Moins depuis qu'il est parti, il y a quatre ans. Rarement vu quelqu'un de plus déterminé, de plus débrouillard. Il m'a appris ce qu'était la résilience. Il m'impressionne, me fascine, m'inquiète un peu aussi. À peine vingt-trois ans et presque le tour du monde dans ses bottines. Intense, idéaliste, déterminé, il veut tout changer. Prend le sort de la planète sur ses épaules. Il m'étourdit. Bac en sciences politiques, à l'emploi de Greenpeace, membre de Québec/Palestine, coanimateur d'une émission hebdomadaire à Radio centre-ville, bénévole à la popote roulante, musicien dans un petit band, le voilà qu'il part deux mois au Mexique. Dans la région du Chiapas plus précisément. Comme observateur du respect des droits de l'homme. En février, direction Dakar, au Sénégal, comme participant au Forum social mondial. Ouf!

Pas reposant. Ses idées sont tranchées. Trop peut-être. Elles ne prendront de la valeur que dans l'écoute de celles des autres. Comment le lui reprocher. Freiner son ardeur, son courage, sa volonté. Pour que les hommes soient plus humains, la planète, plus verte. Pour qu'égalité et justice ne deviennent pas des mots vides de sens. Je souscris à sa quête. Elle rejoint un peu la mienne, mais je m'inquiète. Qu'il ne se fasse avaler. Par l'ampleur de ses idéaux, son ardeur à les défendre. Le contre-pouvoir est nécessaire.

De plus en plus. Pour délayer la pensée dominante. J'en suis conscient. Ça ne m'empêche pas
de m'en faire. Un peu. Un mélange de fierté et
d'inquiétude. Une réaction légitime de père. Le
shish taouk avalé, la soirée se poursuit, à marcher
Montréal.

C'est maintenant officiel. Je compte à rebours.
Il m'en reste moins à faire que je n'en ai de fait.
Je suis satisfait. L'équipe de production aussi. Le
deuxième mois sera plus long. Moins surprenant, moins fébrile. Je me suis adapté. Je sais ce
qui m'attend.

Je troque bermuda et camisole contre un
jean et un tee-shirt. Première fois en dix jours.
La canicule est terminée. Rarement le vent frais
sur mon visage n'a été aussi doux, roucoulant.
Je fais le décompte. Soixante-deux dollars dans
mes poches, mais ma récente épicerie est loin
d'être épuisée. Pas de doute cependant, je devrai
me dénicher un boulot. Et pas au noir cette fois.
L'équipe de production me l'interdit.

Comme je suis sans nouvelles des dizaines
de CV distribués un peu partout, je change ma
stratégie. Fini les restos, *fast-food*, cafés, épiceries, stations-service, quincailleries et compagnie. Calme plat aussi du côté de McDo. J'ai
pourtant rempli leur questionnaire. Je me pose
alors la question. Quelles entreprises recherchent
toujours des candidats ? Je fais le tour, j'énumère,
soudain j'accroche. Les centres d'appels ! Pas que

ça me tente, mais j'ai sûrement plus de chances. Pas besoin de travailler un millier d'heures pour arriver. Une vingtaine suffirait. De toute façon, je ne peux gagner plus de 200 dollars. Autrement, je me ferais couper. Un saut à la Grande Bibliothèque, et j'ai la liste. Je me mettrai à la tâche dès demain.

Premier juin aujourd'hui. Je devrais être content. C'est la journée du chèque. Celui de 592 dollars. Mais c'est aussi gris dans ma tête que dans le ciel. Pas d'entrain. Le soleil m'a trop gâté. L'expérience me pèse. L'équipe de production également. Pas les individus, heureusement, mais leur travail, leurs exigences. Je suis sidéré par la somme de travail que demande la production d'une telle série. Ils souhaitent filmer la remise du chèque. Symbolique, qu'ils disent. À mon arrivée, ils sont déjà prêts. La caméra roule. Leur attitude est différente. Leurs regards fuient le mien. Plus distants, plus nerveux également, je sens une tension inhabituelle. Je soupçonne quelque chose. J'ai ma petite idée.

Ils me remettent l'enveloppe. La caméra est bien braquée sur moi. J'ouvre. Le chèque n'est que de 452 dollars. Je suis vite en calcul. J'ai tout compris. Ma petite idée se confirme. Déjà de mauvais poil, j'explose. Pour la première fois. Ils veulent des émotions, je vais leur en donner. Ils ont pris la liberté de soustraire 140 dollars du montant de 592 dollars, soit l'excédent de

200 dollars auquel j'ai droit, mais que j'ai gagné au noir. Mes gains totaux s'élevaient à 340 dollars. Dans la vraie vie, chaque dollar gagné qui excède cette somme de 200 dollars permise se déduit du chèque d'aide sociale du mois suivant. C'est ce qu'ils ont fait.

Mais de quel droit? De quoi se mêlent-ils? Sur quels tableaux jouent-ils? Comme si la personne qui travaille au noir déclarait docilement ses revenus à son agent du ministère de l'Emploi et de la Solidarité sociale! Le travail au noir, c'est au noir. Ça le dit. C'est caché et c'est le but. Je me sens trahi, floué. J'en rajoute. J'évoque la notion de confiance brisée. Ma candeur à tout leur dire, pour servir les fins de la série télévisée. Si j'avais su! J'aurais pu, comme tout le monde qui travaille au noir, leur dire n'importe quoi. Déclarer le montant qui m'arrangeait.

Ils sont là, un peu pantois, un peu ébahis, ébranlés, de la compréhension dans leur regard. Je n'ai pas terminé. Que non! Pourquoi me l'avoir caché? Ne pas m'avoir prévenu? J'aurais pu comprendre, accepter de jouer le jeu à fond. Plus maintenant. Les dépenses sont toujours proportionnelles au revenu. Dans mon cas du moins. J'ai agi de la même façon. Le cinéma, les cafés, les muffins, la bière, la crème glacée se justifiaient du fait de l'argent qui m'était disponible. Il n'existe plus. Il est disparu et il ne reviendra plus. La caméra doit chauffer. Leurs oreilles aussi.

Ils m'expliquent que ce n'est pas leur idée, mais celle du patron. Alors je veux lui parler au big boss. Il attendait mon coup de fil, avait prévu ma réaction. La conversation téléphonique se poursuit. Intense, animée. Il fait valoir son point de vue. Celui de respecter les règles, les lois. Foutaise. Faut me respecter avant de respecter les lois. Faut connaître aussi les règles du jeu. Ne pas les changer en cours de route ou ne prendre que celles qui nous arrangent.

La discussion s'adoucit. C'est un vite lui aussi. Tellement qu'il avait préparé un autre chèque. Au bon montant celui-là : 592 dollars. Au cas où. Il souhaitait susciter quelque chose. Provoquer une réaction, me faire sortir de mes gongs. Il a réussi. L'abcès est crevé. Le climat avec les membres de l'équipe redevient normal, mais une bonne discussion s'ensuit. Positive cette fois. Une rencontre de toute l'équipe est prévue le lendemain. Avec le big boss. J'y suis convié. Après les avoir quittés, je file chez Alex lui remettre le loyer de juin. Trois cents cinquante dollars qui s'envolent. Il m'en reste tout de même 304 jusqu'à la fin de l'aventure.

Je ne passe à la maison de chambres que pour me doucher et me préparer un souper. Nu devant le miroir, j'ai un choc. J'ai maigri. Je le savais, mais là, je le constate de visu. À six pieds deux pouces et 207 livres avant l'expérience, je n'étais pas gros. À peine un petit gonflement du ventre qu'on ne pouvait encore appeler bedaine. Disparu, le gonflement du ventre. Fondu. Disparues aussi, les petites «poignées d'amour» sur le côté. Aucune idée du poids que j'ai perdu, mais ce n'est pas deux ou trois livres. Je flotte dans mon jean. Je suis content. J'aime bien ce que je vois.

Je mange dans le parc. Dans ma chambre, j'étouffe. Dans le parc, je respire. Tous mes sens s'animent. Ça bouge. Jamais je n'ai été aussi actif et physique que depuis un mois. À mille lieues de mes patterns et habitudes. Absolument rien de pantouflarde, ma vie depuis un mois. Impossible toutefois de maintenir ce rythme dans un cadre de vie normal, mais une belle leçon. Celle de secouer ses puces, de temps à autre. De briser certaines règles, de sortir de la routine. Juste pour faire changement. Juste pour ne pas s'encroûter, s'ankyloser, se fermer. Moins on le fait, plus c'est difficile, plus l'effort à faire est grand.

La rencontre du lendemain au bureau de la maison de production est assez éprouvante. On revient sur la journée d'hier et la remise du chèque. Les points sont mis sur les i et les barres sur les t. Personne n'est fautif, mais dix émissions d'une heure à remplir, c'est costaud. Je le réalise. Pour parler de tous les sujets prévus, il faut parfois aider un peu la nature. Que ça me plaise ou non. Je comprends bien qu'on ne peut toujours attendre que les événements arrivent naturellement, qu'il faut parfois les provoquer, sinon, je serai encore sur le BS dans trois ans. Personne n'est intéressé. Moi le premier. La situation est maintenant claire pour tout le monde. La rencontre terminée, une sensation bizarre m'envahit. Comme si quelque chose s'était cassé. Je ressens une espèce de détachement. Pas bon signe. Un petit coup de fil à mon ami, le conditionnement s'impose. Il saura replacer les choses, les mettre en perspective.

Mon café latte du soir s'avère une véritable thérapie. Ce soir en particulier. J'ai besoin de me replonger dans l'expérience, d'oublier ma vraie vie pour encore un mois. Elle revient plus régulièrement depuis quelques jours. Pas qu'elle me manque, mais c'est quand même ma vie. Je n'en ai pas d'autres. J'écris. Beaucoup. De plus, l'effervescence de l'appartement d'Alex, malgré tous ses côtés disjonctés, m'emplissait le cerveau, occupait l'espace. Dans cette jungle urbaine, très peu de place pour ma vraie vie. Ici, à la maison de chambres, c'est le contraire. J'en ai encore pour quelques jours.

Ma nouvelle stratégie d'emploi se révèle fructueuse. Pas trois entreprises visitées, et déjà une d'entre elles m'offre une période d'essai. Rémunéré légalement, au salaire minimum, 9,50 dollars de l'heure. L'équipe de production sera contente. C'est le bonheur. Je peux débuter, le soir même. Pas de problème. Une formation de deux heures et hop, me voilà avec les écouteurs sur les oreilles et les yeux rivés sur l'écran d'ordinateur. Ma seule crainte. Surmonter ma panique face à une utilisation nouvelle d'un ordinateur. Pas dinosaure, le gars, mais pas très techno.

Je suis chanceux. Ce n'est pas de la vente pure et dure, du télémarketing. Plutôt des études sur la satisfaction de la clientèle. Moins agressant. Une véritable ruche. Plus de cinquante personnes, confinées dans leur petit cubicule. Quelques francophones, plusieurs immigrants. Ils sont majoritaires, parlent trois, quatre langues. Quelle richesse. La nervosité du début passée, le côté répétitif et lassant du travail prend le dessus. Quand même mieux que ce que j'imaginais. Pour une personne bête et désagréable, trois sont gentilles. Il y a même de belles rencontres téléphoniques. Je devrai adopter un ton plus conciliant, la prochaine fois. Quand j'occuperai l'autre rôle.

8 h 55. Tout arrête. Aucun appel n'est fait après cette heure limite. On finit ceux en cours. Après cinq heures, pas fâché que ça se termine. J'ai surmonté ma panique de l'ordinateur. La responsable est satisfaite. Elle me propose de travailler la semaine prochaine. J'accepte. Les dollars s'additionnent dans ma tête. Ça fera au moins 95 dollars. En étirant mon travail une ou deux autres soirées, je n'aurai plus de soucis. Ce soir, mon café latte est accompagné d'un biscotti.

Branle-bas de combat à Montréal. C'est le
Tour de l'île. Impossible de l'ignorer, le départ
se fait sur Saint-Joseph, en face de la maison de
chambres. Le petit tour qu'il s'appelle. Celui du
soir. Je suis curieux. Je veux y participer. Premier
choc. Le coût : 23 dollars. Pardon ! Vingt-trois
dollars pour vingt kilomètres à vélo dans la ville !
C'est plus qu'un dollar le kilomètre. Dix-sept
dollars si j'achète le forfait à 35 dollars. Le petit
et le grand tour du lendemain. Je n'en ai pas l'intention. Encore moins les moyens. Déçu, je révise
mes plans. J'hésite, je tergiverse. J'aimerais le
faire. Participer à au moins une activité officielle
durant mon expérience. Une idée me traverse
l'esprit. Si je prends des images, interroge des
gens avec ma caméra, l'équipe de production
me remboursera peut-être mon inscription. Je
prends le risque.

Mon approche d'intervention est établie.
Ce sera le coût. L'accessibilité de l'événement.
Les participants affluent. Je me situe dans le
premier quart. Je découvre un autre Montréal.
Le Montréal bourgeois, le Montréal BCBG.
Par les vélos, les équipements, l'habillement.
Tout est gentillet, propret. Pas de marginaux,
de flyés, de tatouages et de piercings. Des beaux
petits couples, des belles petites familles. Peu de
Montréalais finalement.

Armé de ma caméra et laissant ma gêne de
côté, je commence les interviews. Ma question

est simple. Un peu biaisée aussi, j'en conviens.
Vingt-trois dollars, est-ce cher pour vingt kilomètres à vélo dans Montréal? Il y a une sous-
question. Pour un prestataire d'aide sociale qui
reçoit 592 dollars par mois, est-ce une activité possible, envisageable? J'arrête après six
entrevues. Je connais la réponse. Catégorique.
Non. Malgré le biais. Unanimement, ils m'ont
répondu que ce n'était pas cher. Certains ont
même affirmé qu'il s'agissait d'une aubaine pour
une telle activité. Le monsieur venu de Chibou-
gamau, entre autres. Quant à la sous-question,
je sentais un malaise. Une gêne. De toute façon,
m'a répondu un participant, une telle activité
ne les intéresse pas. Ah bon! Je ne lui ai pas
demandé d'élaborer. Le prix de quelque chose.
Bien relatif. Il varie, fluctue selon son statut. J'en
prends conscience, une fois de plus.

Plus de 15 000 personnes sur la ligne de
départ. Ça fait du monde. Avec un tel chiffre, on
parle d'un événement populaire. Pour l'accessibilité financière, faudra trouver un autre terme. La
soirée est bien organisée. Pas de doute. J'apprécie.
Des commanditaires, de la musique, des stations
de radio qui animent la foule, tout est là. On y
met le paquet. Les participants sont contents,
tout sourire. Montréal s'amuse. N'empêche. Mon
appréciation est teintée d'amertume. Le Tour
de l'île, une belle illustration de l'isolement des
pauvres et des assistés sociaux. Un bel exemple

de leur prison à ciel ouvert, de l'impossibilité pour eux de participer, de s'intégrer à la société. Steak, blé d'Inde, patates, c'est leur réalité. La seule participation d'Hochelaga-Maisonneuve à ce Tour, aura été de se retrouver sur le parcours. C'est plus fort que moi. Je ne peux m'empêcher d'y voir une certaine ironie, du cynisme presque. Les pauvres qui regardent pédaler les riches. Les premiers pédalent par nécessité. Les seconds pour parader, un vendredi par année.

Je ne saurais dire pourquoi. Le Tour de l'île est pour moi symbolique. Sans doute les effets de plus d'un mois à vivre pauvrement. La société civile telle qu'on la connaît, les pauvres et les BS en sont exclus. Inaccessible. Carrément. Dès lors, inconsciemment, ils créent la leur, en marge, repliée sur elle-même. Une sorte de réseau parallèle. Moins jugés, ils s'y sentent plus à l'aise. Fermées, floues, sans réelles structures, ces micro-sociétés naissent, vivent et s'alimentent à l'intérieur de la société civile officielle. De ses restes. Plusieurs diront que ce sont des cancers. Chaque cancer a sa cause.

12

Jamais clients,
toujours victimes

L E WEEK-END S'ACHÈVE. C'est ma dernière nuit.
Attablé dans le parc Laurier, je fais un bref
retour sur cette douzaine de jours. Une période
particulière. Une plage de réflexion unique. Elle
ne reviendra pas de sitôt, j'en suis conscient. C'est
un privilège. Pas toujours facile, mais salutaire,
bénéfique. Je ne sais trop ni comment, ni combien.
Je ne cherche pas à le savoir non plus. Je me laisse
porter, j'essaie de me supporter. J'y arrive assez
bien. Même en ce week-end. Dommage que je
ne sois pas payé à penser. Des millions j'aurais
déjà accumulés. Mes pensées m'amènent un peu
partout. Je les laisse errer. Comme un chien fou.

Le bonheur et l'IRB, cette idée folle qui
m'occupe l'esprit depuis près de cinq ans, refont
souvent surface. Je ressens une sorte d'amertume.
Tant par rapport au bonheur qu'à l'IRB. Parce
que le bonheur, il est parfois niais. La société
aussi. «Le bonheur est pour les imbéciles», disait

André Malraux. Utopique, prétendait-il, de croire qu'on peut atteindre un état absolu alors qu'on se trouve dans un monde relatif. Qu'il faut être un parfait imbécile pour croire y parvenir un jour. Je ne sais toujours pas s'il a raison. En partie. Comme ces répondants aux sondages de l'IRB. Toujours 7 % ou 8 % d'entre eux. Ils attribuent une note parfaite à leur bonheur. 10 sur 10. Je ne comprends pas. Comment peuvent-ils ? Aucune gêne, aucune retenue, aucune réserve. Même pas un petit demi-point. Avec toutes les horreurs qui nous entourent. J'en vois plein. Leur vie est-elle finie, terminée ? Ont-ils tout accompli ? Sont-ils parfaits ? Si oui, il ne leur reste qu'à mourir. Sinon, ce sont des imbéciles. À moins que ce soit moi, l'imbécile.

N'empêche ! La ligne du bonheur est solidement tracée. Gare à ceux et celles qui en dévient. En dehors de sa définition plate et ennuyeuse, le bonheur semble incapable de s'épanouir, de fleurir. Tout ce qui se situe en marge, tout ce qui sort des cadres convenus est considéré comme suspect. On surveille, on guette, on attend la moindre petite faille pour discréditer cette marginalité et se conforter dans sa normalité, s'y complaire. La dissonance n'est jamais agréable à entretenir. On l'élimine, même si on sait que notre bonheur, peut-être, s'y trouve, juste de l'autre côté. La marginalité effraie plus qu'elle n'attire. L'audace aussi. Sinon elles n'auraient plus rien d'excitant, d'invitant. La marginalité, on la voudrait, sans la vivre vraiment. Je peux dire qu'actuellement, je la vis, intensément. Zéro regret.

Elle me revient en tête. La question de la journaliste. Les trois éléments pour qu'une personne malheureuse devienne heureuse. Abraham Maslow fournit ce troisième élément. S'échapper et se défaire des conditionnements sociaux. Probablement le plus difficile des trois éléments. Je voulais en avoir le cœur net. Je l'ai testé. Les résultats sont sans équivoque. Près des trois quarts l'admettent. Leurs comportements et leurs agissements sont largement influencés par une forme de pression sociale. L'IRB de ces personnes est nettement plus bas également. Pas fou, Maslow. La plupart n'agissent donc pas selon leurs croyances, leurs valeurs et leurs principes. Pas une grande surprise. Je le constate à tous les jours de ma vraie vie. L'authenticité prend ici toute sa valeur. Pas surprenant qu'il y en ait tant qui se cherchent.

Je vis dans l'anonymat complet. Depuis plus d'un mois. Je me fais discret. Personne ne me remarque, ne m'interpelle. La paix. J'apprécie. Aucune crainte ni envie de rencontrer des connaissances. J'apprivoise ma solitude, lentement, mais je suis en mission. Plus facile de se conditionner quand on connaît la période de fin. Peu d'effets également de ma cyclothymie. Pas certain du tout du diagnostic. Les effets sont cependant plus visibles lorsqu'on est en relation. De couple, familiale ou d'affaires. Mes réflexions se poursuivent. J'essaie de les écrire. Je ne suis pas encore l'homme que j'aimerais être. Il me reste du temps, mais moins. Faut pas virer fou. L'obsession de s'emmieuter a des limites, quand même.

Apprendre et s'améliorer, nécessaire. Bien faire les choses, c'est vital. Mais la perfection! Quelle bêtise, quelle notion idiote, bien entretenue par la société. La perfection, le pire ennemi du bonheur. La première cause de dépression, j'en parierais ma chemise. Toujours vouloir plaire, toujours être parfait, jamais d'erreurs, de faiblesses. Qui peut y arriver? Certains en font un dogme. Ils sont perdus. Qu'ils vivent dans leur monde, leur univers irréel. Qu'ils s'y perdent. Rien de plus laid que la perfection. Sans odeur, sans couleur, sans personnalité. D'une tristesse à mourir.

Dans le fond, il n'y a qu'une seule activité valable. S'entraîner. Le corps et l'esprit. C'est ce que je fais. Depuis des semaines. Tout le reste en dépend, en découle. La plupart des gens n'entraînent ni l'un ni l'autre. Ils se contentent de surfer, d'exister, de rester dans le cadre et d'espérer un meilleur sort en répétant les mêmes gestes. Einstein disait: «La véritable folie consiste à croire qu'en agissant toujours de la même manière on puisse arriver à des résultats différents.» Pour obtenir ce qu'on n'a jamais eu, il faut oser ce qu'on n'a jamais fait, pourrais-je ajouter.

Le week-end achève. Je vais me coucher. Pas trop tôt.

Troisième journée au centre d'appels. Ma dernière probablement. Un scénario qui se répète. Un peu aliénant. Je pourrais continuer. Quelques jours encore si mes besoins le commandaient. Ce n'est pas le cas. Selon mes calculs, je devrais m'en sortir. Sinon, j'y reviendrai. Pour quelques soirs. La responsable se montre assez *cool* avec moi.

Mon séjour à la maison de chambres est terminé. Douze jours au total. Je m'en retourne chez Alex. Pour le reste du mois. Content ou déçu ? Je ne pourrais le dire. Une chose est sûre. L'action ne manquera pas. Surtout avec Jim qui retrouvera son divan. Oh boy ! Je préfère ne pas trop y penser. Mais comment font-ils ? Pour vivre comme ils le font, toujours sur une patte, quelquefois à quatre pattes. Un mode de vie que je n'ai jamais connu, mais que je vais me rappeler. Longtemps encore.

Avant, je dois récupérer mon dépôt de 100 dollars. Mon reçu est sur le coin de mon bureau, en très bon état. Je descends. J'avise la concierge que je quitte, lui remets mes clés ainsi que mon reçu. Son regard est bizarre, fuyant. Elle doit auparavant vérifier l'état de ma chambre. Pas de problème, j'attends. Pas inquiet une seconde. Qu'est-ce que j'aurais bien pu abîmer ? Il n'y avait rien.

Elle redescend. Prend une grande respiration, m'annonce tout de go que je n'ai pas droit de récupérer mon dépôt et se tait. Je suis perplexe, ne comprends pas. Je laisse passer quelques secondes et lui demande la raison. Pas respecté l'une des conditions inscrites au contrat, qu'elle me répond. J'écarquille les yeux. Incrédule. J'ai bien remis les clés et la chambre est en bon état, que je lui rétorque. J'avais également mon reçu, non! Elle me dit que je devais les aviser de mon départ une semaine avant de partir. C'était écrit dans le contrat, prend-elle le soin d'ajouter. Je fulmine, tente de me contrôler. Pardon madame! Êtes-vous en train de me dire que vous essayez de me fourrer de 100 dollars? Je défile mes arguments. Je n'ai jamais lu cette clause. Lui mentionne que, lors de la location, j'ai indiqué à l'autre dame la date de mon départ. Et puis, s'enquérir, en temps opportun, de l'intention des gens concernant leur départ, c'est trop compliqué, je suppose? Agir dans le respect, en gens civilisés aussi.

Elle se braque. Revient sans cesse sur la clause dans le contrat. Je la sens nerveuse, très inconfortable. Elle exécute les ordres, c'est clair. Les consignes viennent d'en haut. Télécommandées, calculées, préméditées. Totalement fermée, elle se tait et se réfugie dans son petit cagibi. Je ne récupérerai pas mon dépôt, ça me semble assez clair. Les crosseurs. Dans ma tête mijote

un plan. Je m'approche de la dame et la prie
de bien me regarder dans les yeux. Pour ne pas
qu'elle m'oublie. Je lui mentionne que je reviendrai, mais pas seul. Je quitte avec fracas. Dans
tous mes états, en colère, je voudrais crier à l'injustice, dire à tous les passants combien fourbes
sont ces gens.

Les 100 dollars ne me font pas mal, car ils
proviennent de l'équipe de production. Non. Je
pense aux autres. Ceux qui ne jouent pas dans
une série télévisée, ceux qui le perdent pour vrai,
qui se font arnaquer d'aplomb, pour qui la somme
de 100 dollars représente une fortune. Quelle
énormité que ce contrat! Pas de copie au loca-
taire. De toute façon, qui le lit dans les détails?
Beaucoup sont des immigrants dont le français
est la deuxième, troisième, quatrième langue. Les
autres, pas très riches, peu scolarisés, représentent de belles proies. Ah, les charognes! Lors de
la signature, elles prenaient bien soin de l'omet-
tre cette clause. Les pauvres ne sont jamais des
clients. Toujours des victimes. Toujours exploités
et avec bien peu de moyens de se défendre. Ils ne
se rebellent pas, ils encaissent. La petite misère
se perpétue, exploitée par des gens sans scrupule,
sans conscience et sûrement sans remords.

Je conte mon aventure à l'équipe de production.
Ils sont outrés, indignés. Pas besoin de leur parler
de mon plan. Ils en ont un semblable. Le but:
récupérer les 100 dollars, question de principe,

et les faire chier dans leurs culottes. L'horaire est serré. On convient de retourner à la maison de chambres le lendemain en fin de journée, caméras et badges de journalistes bien visibles.

J'ai eu le temps de dépomper. Un peu. Arrivé chez Alex, je lui en glisse un mot. Même réaction. Son plan par contre serait différent. Un peu plus musclé, disons. Je suis content de le revoir. Réellement. La dernière fois, c'était au show. Pas eu beaucoup le temps de placoter. On s'informe de nos vies respectives. Rien de vraiment nouveau. On reparle un peu du show. Je fais quelques commentaires prudents, ménage son ego.

Jim est là aussi. Pas la gaieté incarnée, ce paroissien. Il se prépare des hot dogs. Encore. Incroyable. Les hot dogs ont-ils des propriétés que je ne connais pas ? Je prends subtilement des nouvelles d'Anaïs. Elle loge ailleurs, chez des amis, quelque part. Il ne sait pas trop. Je ne vais pas jusqu'à lui demander si elle viendra faire un tour. De toute façon, la vague est passée. C'est sûrement mieux ainsi. Autant pour elle que pour moi. Qu'il est thérapeutique, le temps. On ne s'en donne jamais assez. Trop pressé, trop anxieux, on l'escamote, le raccourcit à sa plus stricte limite. Une forme de manque de respect. On voudrait qu'il agisse instantanément, sur-le-champ. Au pied, le temps ! Fais-moi oublier, dilue, passe l'éponge et si ça se trouve, ramasse-moi au passage. Le plus grand mérite du temps, c'est l'espace qu'il installe entre les événements. D'entre tous, il est le plus sage.

Je me réinstalle dans ma chambre, Jim squatte le divan. La cuisine n'est pas en meilleur état que lorsque je suis parti. J'avais oublié ce léger détail. Welcome home, Pierre. Une nouveauté s'ajoute. Sans armoire ni commode, Jim squatte également les tiroirs de la cuisine. J'en ouvre un. Des chaussettes, des bobettes, des tee-shirts. Pas vérifié s'ils étaient lavés. Faudra faire avec. Vite, un café. Le Second Cup de la rue Mont-Royal. Mon second chez-moi.

J'en profite pour finir la lecture de *The Road*. Pour plusieurs raisons. L'histoire d'abord. Une incroyable leçon de vie, d'espoir, bien que rien ne permette d'y croire. De ce roman glauque au possible se dégage une lumière, forte, qui refuse de s'éteindre. Pour la profondeur des valeurs des deux personnages, le père surtout, ainsi que l'amour inconditionnel qu'il porte à son fils. Pour remettre le livre à Claude et en discuter avec lui, échanger. Je ne lui dirai pas, mais jusqu'à la fin, je l'ai vu à travers le personnage du père.

Au retour, c'est le calme. Pour l'instant. Je me couche. Demain, grosse journée. J'ai convenu avec Johanne, la chef cook de la soupe populaire, de lui donner cinq heures. Après, avec l'équipe de production, on joue à *Enquête* avec la maison de chambres.

L'atmosphère bon enfant de l'endroit n'a pas changé. La clientèle non plus. Plusieurs habitués. Je les reconnais. Une répétition de mon expérience précédente. Les gens sont sympathiques. J'aime me retrouver dans cette cuisine, magnifique. J'y suis à l'aise. Je me sens l'âme d'un chef, même si je coupe les légumes et prépare des roulés de pita à l'humus. Le menu est simple, mais délicieux. La formule demeure identique. On ne change pas une combinaison gagnante. Un potage, un plat principal avec du riz, des légumes et des saucisses, un choix de salades, des fruits et un dessert. Mais attention, pas n'importe lequel. Un gâteau au fromage et aux mûres. Tout juste sorti du four. Un délice. Tellement populaire que Johanne m'en met une portion de côté, pour qu'il m'en reste. Déjà 14 heures. Je n'ai pas vraiment faim. Une toute petite assiette, mais une grande place pour le dessert. Avant que je ne parte, Johanne m'informe qu'ils auront besoin d'aide pour la Saint-Jean. Une grosse fête populaire de quartier. À l'extérieur. De l'animation, de la musique, les rues bloquées, tout le kit. J'y serai, c'est certain.

Je me sauve, direction coin Saint-Joseph et Henri-Julien. L'équipe est déjà sur place. Le scénario s'est peaufiné. Ils me l'expliquent. J'entre doucement avec ma petite caméra allumée et demande gentiment le remboursement de mon dépôt. L'artillerie lourde suit quelques pas derrière et filme tout. On prétend faire un reportage pour *La facture*. Bien compris. Il y a du monde, trop de monde. On attend le moment propice. Que les lieux soient tranquilles. Le mari de la concierge – ils travaillent ensemble – se doute de quelque chose. Il placote sur le perron avec des locataires. Installé au coin de la rue, il nous a vus. Pas très subtile, notre affaire avec tout notre attirail.

Le signal est lancé. Comme dans un film de série B. Sitôt entré, le petit couple se cache de la caméra avec leurs mains. Pas de caméra ici, pas de caméra ici, répètent-ils. Je m'approche, demande à la dame si elle me reconnaît, lui explique que je viens récupérer mon dépôt de 100 dollars et lui remet mon reçu. Ils se réfugient dans leur petit bureau, ferment la porte et la verrouillent. L'équipe suit derrière, mais arrive trop tard. Elle a tout manqué. Devant la porte close, je continue à expliquer au couple le pourquoi de ma visite, les informe que la télé va en parler. Je joue le jeu. Du mieux que je peux. Silence complet et total. Aucune réponse. Soudain, derrière la porte close, on les entend chuchoter. On leur mentionne que l'on n'est pas pressé.

Le temps passe. Cinq minutes peut-être. Ils parlent au téléphone. Avec la boss, c'est certain. Immédiatement après, je les entends appeler la police. On se regarde, un peu perplexes. Pas prévu au scénario. On attend encore. Cinq bonnes minutes. Pas un son de l'autre côté de la porte. Pas de trace de la police non plus. Notre opération se dirige vers un cul-de-sac. On sort à l'extérieur, lâche un coup de fil au boss. Notre boss. Il n'aime pas trop la situation, veut protéger son équipe. Et si ce n'est pas les polices qui se pointent, mais des fiers-à-bras ? Le jeu en vaut-il vraiment la chandelle ? On remballe, c'est décidé. On aura atteint qu'un des deux objectifs. Les faire chier dans leurs culottes. Le 100 dollars de dépôt, on l'oublie.

L'équipe est un peu déçue. C'était comme une petite mission non prévue, improvisée. Impulsive aussi. Un cri du cœur. À force de filmer la pauvreté et la misère, eux aussi se révoltent, s'indignent d'une telle exploitation. Serge, le preneur de son, le plus sage aussi, suggère une action dix fois plus dévastatrice pour ces verrats de propriétaires. Un petit coup de fil au ministère du Revenu. Comme ça. Juste pour les informer. Pas seulement pour les dépôts. Pour tout le fonctionnement de cette maison de chambres. Pas de caisse enregistreuse, pas de carte de crédit ou de débit acceptée, pas de factures. Que du cash, du gros cash, pas toujours propre. Vraiment pas certain qu'il est déclaré dans sa totalité. S'ils ont si peu de scrupules pour fourrer les gens, ils n'en ont pas beaucoup plus alors pour fourrer le système. D'un coup, mes 340 dollars gagnés au noir apparaissent insignifiants. La délation, c'est triste, est parfois nécessaire. Une situation éhontée d'exploitation des plus pauvres par les plus riches, encore davantage. Comme un geste citoyen. En voilà un deuxième de fait.

En rentrant à l'appartement, Claude cette fois s'y trouve. Je le redécouvre avec plaisir. Je lui raconte l'histoire de la maison de chambres. On se rappelle l'histoire des *speeds* avec les coupons-rabais. Il me relate d'autres histoires d'horreur. Il en voit plus que moi, c'est certain. Plusieurs s'y habituent, deviennent de glace. Pas lui. Sensible, émotif, il ne comprend ni n'accepte la méchanceté humaine, la bêtise humaine. Si simple de faire autrement, mais pourtant. La cupidité, encore elle. Présente partout où il y a de la merde qui se brasse. En trame de fond ou bien en évidence, elle salit tout ce qu'elle touche. Immanquablement.

Je lui remets *The Road*. On en discute un peu. Tenté de lui livrer le fond de ma pensée, je me retiens. Je ne sais trop pourquoi. Sans doute la crainte qu'il ne l'interprète mal. Je pense à l'amitié, à la véritable amitié. Les amis que l'on compte sur les doigts d'une main. Bien plus qu'une connaissance, Claude n'est cependant pas l'un deux. Je ne lui dirais pas tout. Pourrait-il le devenir? Difficile à dire. C'est un sentiment puissant, l'amitié. Un engagement total, indéfectible. Difficile de se faire des amis. Encore davantage lorsqu'on vieillit. J'en ai trois, quatre en forçant.

Le dernier, j'avais vingt-deux ans. Chez Cossette,
la grosse boîte de pub. Pas surprenant qu'il appa-
raisse au neuvième rang des facteurs d'influence
du bonheur. Au quatrième rang pour les jeunes
de moins de vingt-cinq ans. L'amitié remplace
tranquillement la famille. Prévisible, avec leur
taille famélique. Claude se situe quelque part
entre les deux, plus proche de l'ami que de la
connaissance. Alex aussi. Un sentiment plus
éphémère, temporaire, mais d'une grande valeur.
Incroyable d'être tombé sur ces deux moineaux.
Chanceux surtout. C'aurait tellement pu être
pire.

13

Besoin de me défouler

J E DÉTESTE LES DIMANCHES. Jamais aimé.
Aussi loin que je me souvienne. À l'époque, à Chicoutimi, fallait toujours s'habiller
propre, comme disait ma mère. Pas se salir. Bien
paraître. Il y avait la messe aussi. Plus besoin
d'essayer de faire le beau maintenant, et la messe,
c'est pour Noël. Mais les dimanches demeurent
toujours fades, empreint d'un filet de mélancolie.
Aujourd'hui, le filet s'est transformé en fleuve. Il
fait un temps exécrable. À se tirer une balle. Je ne
peux me plaindre, mais le soleil d'hier ne fait pas
disparaître la pluie d'aujourd'hui. Préfère vaga-
bonder que de rester enfermé dans l'appart. Entre
la Grande Bibliothèque et le café, j'essaie de me
protéger, de ne pas être trop mouillé. Comme du
camping finalement. On évite le pire. Bien réelle
l'influence de la température sur le moral. Vraiment pas très fort le mien en ce moment.

Je téléphone à mon pote de Montréal. Un ami,
celui-là. Un vrai. On étire un café jusqu'à la fin de

l'après-midi. Il a payé. Mon cafard est passé. Merci, chummy. Si j'avais su la suite, je l'aurais supplié. Pour qu'il m'invite à coucher. Pour éviter le chaos. Au retour en soirée, le band au complet est réuni. Un jam, comme tant d'autres. Je fais avec. Une tension inhabituelle règne à l'intérieur du groupe cependant. Les discussions sont musclées, le ton, incisif. Essentiellement autour de la musique. Ensuite, ça dérape un peu. Dévie sur des avenues plus personnelles. La consommation amplifie le tout, brouille les idées. Ils ne font pas dans la dentelle. Jim surtout. D'un commun accord, ils décident d'arrêter la session. Sage décision.

Laissant leurs instruments, ils squattent la cuisine, sachant que l'pére Piérre ira se coucher bientôt. Je demeure un temps dans la cuisine. Me débouche une bière. Phil, le gars d'en haut, est là. Caroline et Maude également. Leurs discussions agressives de tantôt se poursuivent. Moins autour de la musique, davantage sur des sujets sensibles. Des attaques personnelles plus crues. Aucune subtilité. Le ton n'arrête pas de monter. Je n'aime pas tellement ce que je vois, ce que j'entends. Jim devient de plus en plus into-lérable. Incompréhensif aussi. Après s'être tapé deux grosses quilles de Belle Gueule, le voilà qu'il termine son vingt-six onces de Southern Comfort. La nuit s'annonce longue.

Rapidement, les attaques deviennent des insultes. À gauche, à droite. Je ne suis jamais touché. Je flotte, loin au-dessus. Mais le bonhomme en a assez entendu. Dodo, ça presse. Mon départ ne change rien à la dynamique. Au contraire, elle s'amplifie. Impossible de dormir. La chicane est pognée. Solide. Les insultes se transforment même en menaces. Certaines de mort. De la part de Jim essentiellement. Je n'en crois pas mes oreilles. Je suis tendu, attentif. J'entends Alex se lever d'un bond. En furie. Il crie. Jamais il n'acceptera un tel comportement, de telles menaces, même si elles ne sont pas senties. Jim a dépassé les bornes. Alex le fout dehors. Sur-le-champ. Jim refuse. Les autres calment les deux belligérants. Y réussissent. Pour un temps. Jusqu'à ce que ça recommence. C'est le chaos. Littéralement.

J'ai encore la pissette accrochée. Calvaire. Je n'arrête pas. De mon lit à la toilette. De la toilette à mon lit. Ils ne s'aperçoivent de rien. Je ne sais plus trop si Jim s'est fait foutre dehors ou pas, s'il est encore le baseman du groupe. Les discussions n'ont plus aucun sens. Des choses qui ne se disent pas. Qui ne s'écrivent pas non plus. Un consensus s'établit. Direction *L'Apôtre*. Pour changer les vibrations, calmer les esprits. Deux minutes plus tard, c'est le calme plat dans l'appart. Pas une âme. Pas un son. Je me lève, bifurque vers la cuisine. Le Vietnam. L'Afghanistan pour les plus jeunes. Rien d'autre à faire que se coucher.

Enfin terminée cette soirée. C'est ce que je croyais. Que non! Ils sont de retour, moins d'une heure plus tard. Il n'y a qu'Alex, Claude et Jim. Encore lui. Encore là. Ils n'ont rien réglé. S'envoient encore promener. Les deux premiers se couchent sitôt rentrés. Ne reste que Jim et une voix féminine que je ne reconnais pas. Sa blonde sans doute. Jamais vue. Jamais entendu parler. Ils s'amusent. Sur le divan. Sans gêne, sans retenue. Ils parlent, rient, comme s'il était midi. Près de 5 heures. Pas encore fermé l'œil. Je vais exploser. Je sors de la chambre. M'adresse à Jim. Mon ton ne laisse pas beaucoup de place à l'interprétation. Ils s'excusent. Se taisent. Je finis par m'endormir.

La nuit d'enfer a laissé des traces. J'en porte les séquelles au réveil. Pas content du tout, le bourgeois monsieur. Rouge de colère, comme sa Volvo. Impossible et surtout pas intéressé de déjeuner dans ce capharnaüm. J'enfourche mon vélo et décampe. Le plus loin possible. Bonne chose, je n'ai rien au programme aujourd'hui. Bagel, fromage à la crème et café pour 3,99 dollars que c'est écrit. Parfait. Ça trotte dans ma tête. La soirée d'hier me revient en boucle. Je m'interroge, déchante de ma tribu. Tous fuckés. À différents degrés. Ce matin, je ne fais pas beaucoup de distinctions. La même question que je me posais au début de l'expérience revient. Sont-ils employables ? Selon le ministère, oui. Selon un employeur, j'hésite. Physiquement et intellectuellement, aucun problème. Mais psychologiquement ? Jim, sûrement pas.

Alex est en beau joual vert. Je le sais. Pas sûr qu'il va accepter Jim comme coloc après mon départ. Pas sûr qu'il va demeurer membre du groupe. Même s'il est excellent. Une bombe à retardement, ce Jim. De mon côté, je dois prendre une décision. Répondre à une question. Encore un peu plus d'une quinzaine de jours avant la fin de mon expérience. Est-ce que je souhaite la terminer ici, chez Alex ? En suis-je capable ? Avec Jim sur le divan ? Un peu plus à l'est, décentrée, j'ai vu une chambre disponible. Ce n'est pas mon premier choix. Pas de décision précipitée. Une petite conversation avec Alex s'impose. Avant toute chose.

L'expérience perd en intensité. L'équipe de production est moins sur mon dos et davantage sur celui d'Emmanuelle, la naufragée féminine. Ça me libère. Je ne m'en plains pas. Je ne suis pas riche et ne peux me permettre des folies, mais je suis libre. Un petit 50 dollars additionnel ferait quand même bien l'affaire. J'ai maintenant une quarantaine de jours d'expérience derrière moi. Je suis adapté. Plus conditionné que résigné. Je ne mange presque pas. N'en souffre pas. J'ai dû maigrir encore un peu. Curieux de savoir combien j'aurai perdu de livres. Pas une obsession, mais une priorité. Maintenir ce régime, ce conditionnement, jusqu'à la fin.

Ma journée d'errance se termine par une épicerie. J'opte pour un retour au couscous.

J'adore. Chaud ou froid. Cette fois, il sera au poulet. J'appréhende mon retour à l'appart, ne sais trop quelle sera mon attitude. Un peu nerveux et anxieux, je sens mes tempes qui se tendent, se contractent.

Le contraste est frappant. Éblouissant et éclatant dehors, blafard, sombre et morne en dedans. Je fulmine. Six heures, et Jim est encore avachi sur le divan. Sa blonde entre les deux jambes. Claude dort encore, tout habillé, sur le minuscule divan dans le tambour. Alex se lève à peine. À la vue du spectacle et de l'état de la cuisine, il se met en colère. Sans ménagement, d'un ton très directif, il réveille et engueule Jim, repart sur sa conduite d'hier et exige des excuses. J'arrive et j'interviens au même moment. J'appuie Alex et en rajoute. Sur le même ton. Pas trop grave dans mon cas, il ne m'a que dérangé, fait chier. Les autres cependant, Maude en particulier, il les a insultés, ridiculisés, blessés. Aucun droit d'agir ainsi, de menacer les gens. Des excuses, il n'a pas fini d'en faire. Jim est dans ses petites bobettes. Repentant comme un petit gars en culotte courte. S'il pouvait, il avalerait le contenu entier du cendrier sur le plancher. Et les bouchons de bière qui traînent un peu partout. Il se confond en excuses. Particulièrement auprès de moi. Jure que c'était la première fois qu'il dérapait de la sorte. Que ça ne se reproduira plus. Je veux bien le croire sur parole, mais je garde une petite réserve. Mon agressivité n'a pas diminué pour autant.

Alex aussi a très bien compris. Il ne m'a jamais vu ainsi. Hier, pour la première fois, ils ont carrément dépassé la limite. Les autres fois, je pouvais tolérer, endurer, m'endormir même, mais hier ! Il le sait et me prend à part. S'excuse, souhaite que je reste à l'appart, promet que les choses vont se calmer. Même que Jim devra se trouver un autre endroit pour quelques jours. Alterner du moins, mais pas en permanence à l'appart. Ça me soulage. Il vient de répondre à la question que je me posais plus tôt dans la journée. J'ai confiance que les choses s'améliorent, que la foire ne s'installe en permanence. Je demeure toutefois de glace devant Alex. Mon regard reste sévère. Pour qu'il comprenne bien. Je dois prendre l'air. Celui de l'appartement est invivable. Mais avant, je dois me faire à manger.

Je dégage un petit coin de comptoir, prépare mon couscous à toute vitesse, sans prononcer mot. L'atmosphère est lourde. M'en fous. Sitôt terminé, je pars pour la soirée, m'évade. Une nécessité. Au parc Laurier. Mon préféré. Je me défoule aussi. De la bière, du vin, pour la première fois, et même du chocolat. Rien de trop beau. Ce soir, j'abuse. J'en ai besoin. Un abus raisonnable cependant. J'hésite, mais opte pour une demi-bouteille. Passée seule une autre fois, la soirée se révèle agréable, à observer les comportements de la faune sur place. La nuit passée s'efface, s'estompe tranquillement dans celle qui débute. Je peux maintenant rentrer.

J'ai bien dormi. Pas vu de traces de Jim, l'homme aux hot dogs. Je ne m'en plains pas. La journée est splendide. Encore rien au programme, je dois l'occuper. Mon vélo sera mon cavalier. Ma caméra, mon arme. Je pars à la conquête, essaie de trouver des scènes à filmer. Les pistes cyclables, je les fais toutes, ou presque. Une constante. Les Bixi. Deux choses. Ils n'ont toujours pas appris à rouler depuis le début de l'expérience et demeurent aussi BCBG dans leurs accoutrements.

Une idée me traverse la tête. Un peu casse-gueule, mais quand même. Me filmer sur la piste cyclable entre le parc Laurier et le Vieux-Port. Comme une visite guidée à vélo. La caméra dans une main, l'autre sur le frein. Je pars. Ça marche, même aux intersections. Je n'arrête pas. Commentaires inclus. Tout y passe. Les chauffeurs de Bixi, le parc Lafontaine, la Grande Bibliothèque, la Maison du Père, l'Accueil Bonneau, la misère et finalement, le Vieux-Port. *Non stop.* Wow. Tout le long du trajet, la chanson de Daniel Bélanger qui me revient sans cesse à l'esprit. Je la connais par cœur, la fredonne. Intouchable et immortel. Elle est tout ce que je suis actuellement. Précisément.

Drôle de vie, jours difficiles – Je suis à tomber par terre – Plus de nerf, je veux tout lancer en l'air – Tout abandonner – Mes projets même les plus chers – Me sont nuls à mourir – Plus rien ne sait me retenir – Ne sait me satisfaire – Je ne me reconnais plus – Qu'en un monstre ordinaire – Mais quand je roule à vélo – La tête dans les étoiles et dans le vide – Le vent est doux, j'hallucine – Je roule à vélo – La nuit est claire – Le chemin désert – Je suis invincible – Intouchable et immortel – Le monde tourne sur mes roues – Je pédale sous les chaudrons – Je file sous les constellations – Sans faire trop attention – Et si ça se trouve, je ne rêve à rien – Et si ça se trouve – Pire: Je ne rêve à personne – Voilà pour les êtres et les choses.

Existe-t-il plus bel hymne au vélo? Je n'en connais pas. Dans mon état, la signification de ces mots se trouve amplifiée. C'est un peu la raison pour laquelle je suis ici. Pourquoi j'ai accepté de jouer au naufragé. Pour opérer une cassure. Briser un cercle. Tout foutre en l'air. Et là, à vélo, je m'en fous. Plus rien n'a d'importance. Je n'ai le goût de voir personne.

Le preneur de son, toujours lui, me demandait si je n'étais pas un peu «comme en vacances». Ça m'a fait rire. Pas faux complètement. Je ne ressens aucune pression. Ni du côté profession-nel, ni du côté sentimental, familial ou person-nel. Comme si le temps était suspendu, en pause. Je me repose. Malgré toutes les contraintes, la privation, l'inconfort et les désagréments.

J'observe l'équipe de production. Je ne les envie pas, ne changerais pas ma situation contre la leur. Stressés, horaires chargés, longues journées, fatigue qui s'accumule, ils n'arrêtent pas. Ils sont dédiés. De problème en problème, de panique en panique. Nous travaillons sur le même projet, mais nos univers sont à l'opposé. J'ai déjà connu cette vie. La revivrai encore. En temps et lieu. Présentement, elle me rebute. Je suis bien dans mon rôle. Détaché.

De plus en plus, je pense à mon retour, mais ne l'anticipe pas. Trop peur de retomber dans mes vieux patterns. Qu'ils s'installent, comme des pantoufles maganées, dont le seul avantage est leur confort. Je ne reviendrai pas transformé. Je le sais. Sensibilisé, énergisé, motivé d'apporter des changements certes, mais pas transformé. Pas comme je l'avais imaginé avant l'expérience. Bien parfait comme ça.

Je réalise que, au cours de ma vie adulte, jamais je n'ai passé une aussi longue période à l'extérieur de chez moi. Plus de quarante jours. J'adore Québec, mais je ne m'en ennuie pas. Rien ne m'y retient. J'adore aussi Montréal, mais je pourrais être n'importe où. Du moment que j'ai mon petit confort, mon refuge. Je voulais que 2010 soit une année marquante, qu'il se passe des choses. Je suis servi. Et il n'y a pas encore six mois de passés.

Les journées s'enchaînent. Tranquillement, l'une après l'autre. Après quarante-trois jours, l'équipe de production veut savoir. Si mon opinion a changé. Sur les assistés sociaux et la possibilité de vivre avec 592 dollars ou 792 dollars par mois. Non. Je le répète, non. Surtout si l'on prend en considération toutes les situations quotidiennes que doit vivre un prestataire d'aide sociale.

Et leurs récriminations concernant l'intégration de la notion de transport dans la définition des besoins essentiels? De n'en payer qu'une partie des coûts? Fondées, mais difficilement justifiables. Dans l'actuel contexte politico-social. Pas une seule fois je n'ai utilisé les transports en commun. Pas davantage les Bixi. Éliminés dès le départ, parce que trop chers. Je suis en forme. Je peux marcher des heures, rouler à vélo des heures. Je suis privilégié. J'ai consacré une partie de ma vie à ma condition physique. Très peu ont fait ce choix. Encore moins ceux qui sont pauvres. Alors, ils font quoi les nombreux autres? La madame trop grosse pour marcher des kilomètres? Le monsieur qui souffre d'asthme? Celui qui claudique un peu, dont le cœur fonctionne sur deux pistons? Ils doivent se déplacer. Plus ou moins souvent. Quelles que soient les raisons.

Le coût des transports isole les plus pauvres, réduit leur champ d'action et les maintient dans leur petit réseau, leur cellule. Rapidement, ils y stagnent, s'y complaisent. Cette cellule devient leur monde, leur univers. S'agit de côtoyer la pauvreté pour réaliser que ceux qui en souffrent sont exclus de la société. Isolés. Pourrait-on faire plus ? Faire mieux ? Les intégrer davantage ? Possible, mais pas facile. Si c'est une volonté collective, oui. Sinon, oublions ça, passons à un autre appel. La pauvreté, c'est comme nos vidanges. Elles puent, mais on les endure parce que nécessaires. On les sort, les jette et s'en débarrasse lorsque trop pleines. Un nouveau sac à poubelle et on n'y pense plus. Jusqu'à ce qu'il déborde à nouveau.

Les avantages et conditions des prestataires de l'aide sociale ? Accordés et justifiés en fonction de deux seules choses. La perception, qui est souvent loin de la réalité. Et la politique. Forcément. Par débordement. La première conditionne la seconde. La perception, c'est la réalité, affirmait Marshall McLuhan, brillant penseur canadien. Notre réalité fait dur. Les pauvres aussi.

La caméra tourne toujours. La réalisatrice poursuit, me demande si mon expérience me rendrait plus empathique. Je suis surpris. Pas vu venir cette question. Je ne sais trop quoi répondre. Je baragouine, bafouille. Me perds dans mes explications. Probablement parce que je ne serai guère plus empathique. Engagé oui. Sensibilisé, d'accord. Mais empathique ! Je ne saurais dire. Deux mois ne peuvent quand même pas effacer cinquante-trois années.

L'entrevue se termine ainsi. Je ne sais pas si ce que j'ai dit est bon ou pas. Pertinent ou non. Règle générale, je n'aime pas mes entrevues. Difficile d'exprimer précisément ma pensée, de livrer mes émotions. Je cherche les bons mots, ne trouve pas les bonnes expressions, bien tournées, punchées. Il me reste peu de temps pour m'améliorer. Heureusement, il y a le montage. Il sauve souvent la mise. De véritables magiciens que les monteurs.

Avant mon café du soir, je fais un saut à la Grande Bibliothèque. Pour voir qu'il n'y a rien à voir. Le calme plat. Pas de nouvelles, de messages. Comme si je n'existais pas. Disparu. Bonne affaire. Un clic sur Facebook. Quelques minutes seulement. Assez longtemps pour sentir la déprime m'envahir. Les gens n'ont tellement rien à dire. En sortant, je constate une fois de plus l'achalandage et le bourdonnement à l'entrée. Quel bon coup que cette Grande Bibliothèque. L'emplacement est parfait. Au cœur d'une clientèle en besoin. Une nécessité. Pour toute ville qui se respecte.

14

Montréal s'excite

A LEX TIENT PAROLE. L'appartement est plus tranquille. Souvent du monde, mais moins. Souvent la fête, mais raisonnable. Jim alterne. Plus régulièrement ailleurs qu'à l'appartement. Toujours pas revu Anaïs. Je ne la reverrai probablement pas. C'est comme ça. Je ne forcerai rien. Dans le fond, je préfère qu'il en soit ainsi. Je me contente et me satisfait des émotions que j'ai vécues. Pas toujours besoin qu'il y ait du cul. Vraiment pas. De toute façon, faut être deux. Pas sûr de son côté. Du mien non plus. Ma tête n'est pas là. Je ne pense à peu près pas au sexe. Je l'ai évacué. Pour deux mois.

Les journées sont longues. Pas beaucoup de nouveau. Une certaine routine s'est installée. Très active le premier mois, l'équipe de production me délaisse. Ils ont passablement de matériel de mon côté, mais peu d'images d'Emmanuelle, l'autre naufragée. Je comprends très bien la situation, mais je dois m'occuper. L'errance c'est bien, mais faut pas trop l'étirer. Une petite visite à Johanne à la soupe populaire s'impose. Toujours besoin d'aide. Toujours content de les voir. On s'entend pour le lendemain. Vendredi.

Entre-temps, Montréal commence à s'énerver. La période folle de l'année s'amorce. Le Grand Prix de formule 1 et les Francofolies s'installent. Après l'hystérie du hockey, celle de l'été. Je n'aurais pu mieux tomber. Je passe la journée à errer. À regarder. Les femmes. Beaucoup. Pourquoi pas ! Surtout en juin. Encore une des rares activités qui ne coûtent rien. Je n'en démords pas. J'en vois peu de belles. Mes critères sont-ils trop élevés ? Suis-je resté accroché à une image passéiste du corps féminin ? Dans ce contexte de rareté, les belles paraissent encore plus belles.

Est-ce l'allure des femmes qui me rend ainsi, mais aujourd'hui, j'ai la détermination fragile. La privation difficile. Un beigne ce matin, une barre de chocolat en après-midi, des biscuits Pepperidge Farm dans mon épicerie et, ce soir, un café granité. Plus de 7 dollars en sucre. Sûrement un manque à combler, des émotions à bouffer. Mes épiceries sont de plus en plus frugales d'ailleurs. Je cuisine moins. Par manque de motivation. Pas très inspirante la cuisine chez Alex. Par économie aussi. J'ai beau calculer, pas certain qu'il soit vraiment possible de faires des économies. Pour les déjeuners comme pour les soupers.

Pour 3,13 dollars, deux toasts, confiture et café chez Tim Hortons, difficile de faire mieux. Surtout, pas besoin d'acheter café, lait, sucre, pain, beurre et confitures. Si je souhaite une variante, pas besoin d'acheter beurre de peanut, bagel ou fromage. Ou les muffins. Moins cher encore. Chez Tim Hortons ou ailleurs. Dans ma situation, c'est l'idéal.

Les soupers, c'est autre chose. Pour faire des économies, la méthode, la rigueur et la discipline sont de mise. Pas de place pour l'improvisation, les achats impulsifs et, surtout, pas de pertes. Beaucoup de travail pour de minimes économies, en fin de compte. Parfois plus avantageux de se farcir un mets préparé. Il y a toujours les Kraft Dinner et Chef Boyardee de ce monde, mais je les élimine. Pour des raisons nutritives. Au mieux, du dépannage. Mais pas pour moi. Pas dans cette vie-ci. J'aime trop la bouffe.

Ma petite défaillance d'aujourd'hui me rappelle à l'ordre. M'envoie des signes. Le conditionnement est une chose qui se travaille. Je me relâche. Je vois le bout du chemin. Je sais que j'ai assez de gaz pour m'y rendre. Difficilement, mais quand même. Je ne peux m'empêcher d'esquisser un sourire. « La dureté du mental » des Boys. Cette phrase célèbre refait surface. Au-delà de l'anecdote, il y a quelque chose d'extrêmement puissant, d'impressionnant derrière cette force du mental. Je préfère l'appeler conditionnement.

La capacité à contrôler son corps, son esprit. Fascinant. Je connaissais le conditionnement. L'utilisais inconsciemment. Depuis six semaines, je le découvre. Je l'exploite, systématiquement, dans toutes sortes de circonstances.

Une clé, le conditionnement. Mieux, un passe-partout. Il ouvre toutes les portes. Dans tous les domaines. Si je pouvais le foutre en pilules et le mettre en marché. Une arme aussi. Qui permet d'affronter toutes les situations. Avec une meilleure préparation. L'adaptation, la plus grande qualité de l'homme, puise sa source dans le conditionnement. Notre cerveau! On dit qu'il n'est exploité qu'à 10 % de sa capacité. Ça fait pas beaucoup. Convaincu que c'est la même proportion pour le conditionnement. La vulné-rabilité provient souvent du fait que l'on n'est peu, pas ou mal conditionné. Juré craché.

Je retrouve avec plaisir la gang de la soupe populaire. J'aime l'endroit, la cuisine. Je crois que je pourrais y travailler à temps plein. Pendant un certain temps du moins. Encore une fois, elles prennent tout leur sens. Les innombrables données de l'IRB sur le bonheur au travail. Elles font ressortir toute l'importance du climat de travail. Pas surprenant que cet élément occupe le premier rang parmi les douze valeurs des Québécois face au travail. La rémunération ? Bien souvent secondaire. Encore davantage lors-que les autres facteurs sont réunis. La réalisation de soi, la reconnaissance et la responsabilisation influencent plus fortement le niveau de bonheur que la rémunération. Dommage, trop d'entreprises refusent de le comprendre. Pourtant si simple, si élémentaire. Le travail, c'est bien plus qu'un salaire que l'on gagne, c'est un milieu où l'on vit. J'aime celui de cette soupe populaire. Aucun doute. J'y reviendrai avec plaisir. La semaine prochaine. Pour la Saint-Jean.

Une visite aux Francofolies s'impose. L'atmosphère est relax. Ça respire. Je reconnais la voix de France D'Amour. La Place des spectacles est immense. Je m'y dirige, librement, tranquillement. Je ne me sens pas comme un citoyen de second ordre. Comme au Festival d'été de Québec. Sans macaron, point de salut. Un paria. Une partie de la ville seulement t'est accessible. Daniel Gélinas est pesant. Un demi-dieu. Et elle est clôturée, la ville. Pas à peu près. Je peux comprendre la nécessité, mais j'aime pas. J'ai le droit.

Je préfère l'atmosphère des Francofolies. Pas encore celle du jazz, mais quand même. Plus accessible, pas obligé d'arriver trente-quatre heures avant le spectacle, de jouer des coudes pendant trois heures pour aller pisser. Je jette un œil sur la programmation. Un constat me saute aux yeux. Elle n'a rien à voir avec celle du Festival d'été de Québec. Mais qu'est-ce qu'il avait à monter sur ses grands chevaux, notre petit maire ? À partir en croisade contre la méchante métropole, son maire et ses sbires ? À crier à l'injustice ? Au vol ? À la concurrence déloyale ? Je fouille dans ma mémoire, je n'arrive pas à identifier un seul artiste qui se produise aux deux endroits. Quel enfantillage, cette querelle. Les positionnements des deux événements sont totalement différents. Essentiellement du franco à un endroit, majoritairement de l'anglo à l'autre avec de gros noms, de grosses foules. Une tempête dans un verre d'eau finalement. Mais qu'est-ce qu'on ne ferait pas pour être devant les kodaks ?

Une raison additionnelle me fait apprécier les Francofolies. La tribu, sans y squatter, les fréquente régulièrement. Ça libère l'appartement, espace et réduit les débordements.

Tant de choses à voir en ce week-end. Je devrais trouver de quoi m'occuper, meubler le temps, l'espace. Jamais été à Montréal pendant le Grand Prix. Le son des bolides, entendu à des milles, exprime toute la puissance de ces monstres. Impressionnant. Mais ça ne sera pas pour moi. D'ailleurs, y a-t-il des assistés sociaux qui assistent au Grand Prix ? Je me dirige vers la rue Crescent. Autant que je me rappelle, c'est là que ça se passe. Les BS y ont aussi accès. Ma caméra en main, je veux filmer les contrastes. La richesse, l'opulence et l'excès. Beaucoup de monde, mais pas grand-chose à voir. Pas de traces de formule 1. Une seule Ferrari. Sans doute pas la bonne journée. Beaucoup d'autos sport. Des américaines essentiellement. Que des stands commerciaux, des stands de chars, de produits pour les chars, d'accessoires pour les chars. L'univers est on ne peut plus char.

Il ne manque que les stands à pitounes. Je les reconnais facilement. Un peu plus loin. Par l'achalandage et la meute d'hommes autour. Un premier fait la promotion d'une vodka, l'autre, de la Budweiser. Les filles sont belles, mais loin d'être des femmes. Je m'en doutais, mais je demeure ébahi. De voir les hommes s'agglutiner comme des mouches pour se faire poser le portrait avec les hôtesses. Bien installés entre les deux belles, magnum de champagne dans les mains, sourire imbécile fendu jusqu'aux oreilles. Leur heure de gloire. Je ne comprends pas. Si les filles étaient devant une rutilante Ferrari F1, une McClaren, pas de problème. C'est drôle. Le cliché parfait. Mais devant deux filles, dans un stand un peu cheap, identifié à une marque de vodka? Non. J'espère au moins que c'est gratuit. Mais si ça les rend heureux, pourquoi pas? De toute façon, je suis qui pour juger?

Le week-end se poursuit. Dans le brouhaha de la ville. Aux Francofolies, au Grand Prix, s'ajoute le Mondial de soccer. Immanquable. Des écrans partout. Dans les cafés, les bars. Événement incontournable pour quelqu'un qui a passé plus de dix ans de sa vie le long des lignes. Pour mon gars surtout. Calibre AAA, ça demande du temps. J'ai tellement aimé le voir jouer. Pas le plus habile, mais le plus courageux, le plus déterminé et le plus dur de tous. Assurément. J'ai appris à aimer le soccer.

Le Mondial est une fête. L'Espagne, mon équipe. Depuis toujours. Hispanophile, j'y suis allé quatre ou cinq fois. Le premier contact des enfants avec l'Europe. Le Tour de l'île Ménorca à vélo. Le mois passé à Séville à apprendre l'espagnol et le flamenco. J'aime ce pays. J'aime leur soccer. Le plus beau. Un véritable ballet. Aucune équipe n'est plus technique. Aucune ne bouge aussi bien le ballon. Et ils sont vaillants. *Vamos Espana*! J'ai déjà choisi le café où j'écouterai les parties. Le même qu'au début. Le Presse Café, coin Saint-Denis et Ontario.

Déjà au cœur de ma septième semaine. Il ne m'en reste plus beaucoup. Ni de temps, ni d'argent. En accord avec l'équipe de production, j'ai cessé les demandes d'emploi. Depuis quelques jours déjà. Par respect. Pour les employeurs et les éventuels employés. Pour ne pas leur faire perdre leur temps. C'est la dernière chose que je souhaite. L'expérience ne doit pas se mener au détriment des autres. Postuler pour un emploi sachant qu'on le quittera quelques jours après, ça ne se fait pas. Enlever un emploi à quelqu'un qui en aurait vraiment besoin, ça se fait encore moins.

Mais depuis le début de l'expérience, je n'ai pas encore réalisé mon fantasme. Celui de faire des frites, des hot dogs et des hamburgers. J'aurais aimé travailler chez Lafleur, un vrai casse-croûte graisseux, mais ils ne m'ont jamais rappelé. Un membre de l'équipe connaît toutefois le propriétaire de Paul patate, le casse-croûte où Patrick Huard se farcit son hot dog et ses frites dans l'émission *Taxi 22*. On ne sait jamais que je me dis. Un appel et tout est réglé en moins de deux minutes. Bon *timing*. Son gars ne peut rentrer au travail demain. Wow. Parfait. Cinq heures de travail au salaire minimum chez Paul patate. Mon rêve. C'est loin, mais à vélo, y'a rien là. Un petit 50 dollars vite fait bien fait. La police d'assurance dont j'avais besoin pour finir le mois.

La place est toute petite, mais propre, mignonne. Le boss, ultra sympathique. Le sosie de Steve Bégin, le joueur de hockey. Pendant que l'équipe s'installe, il m'explique ma job et le fonctionnement de la peleuse et coupeuse de patates. Je commence. Des sacs de vingt livres. Un autre, et un autre. J'arrête après six. Il ne se rendra pas à la fin de la journée avec cette quantité, qu'il me dit. Au moins deux autres seront nécessaires. Je n'en crois pas mes oreilles. Cent soixante livres de patates. En une journée. Pour un casse-croûte d'à peine vingt places. Ça fait de la patate en petit péché. J'essaie d'extrapoler, de faire des calculs mentaux, d'imaginer la quantité de patates qui se mange par jour. Effarant. Je m'y perds. Des tonnes. Seulement ici, au Québec.

Pour la planète, je n'ose imaginer. Des chiffres astronomiques.

J'adore les frites. Qui n'aime pas les frites? Mais j'y vois là une des raisons de notre embonpoint collectif. Et comment fait-on pour produire les patates? L'immensité des champs, l'espace qu'ils occupent, l'intensité et la fréquence des récoltes? Ça me renverse. Une réalité à laquelle je ne pense jamais. Et si j'extrapole au porc dans les saucisses à hot dogs, au bœuf dans les hamburgers, aux poulets dans les St-Hubert de ce monde. Je préfère arrêter. Les quantités deviennent incommensurables. Notre planète peut-elle le supporter? Encore longtemps?

Un casse-croûte! Pas vraiment l'endroit pour avoir ce genre de pensées. Trop occupé. Ça roule. Il faut livrer. Je dois laver des bouteilles de bière. Pas n'importe laquelle. De la bière d'épinette. Le seul à en faire sur une base artisanale et à la vendre, qu'il me dit. Et c'est parti avec les bouteilles de bière d'épinette. Le temps passe vite. Les clients arrivent. La vaisselle s'accumule. Je dois fournir. J'y arrive. L'heure du dîner passé, c'est au tour du plancher d'y passer. Il est plus de deux heures quand le tout est terminé. J'ai davantage pelé des patates, lavé la vaisselle et torché le plancher que fait des hot dogs, mais j'ai ma récompense. Le boss me sert trois hot dogs avec une frite. Wow. En prime, une bière d'épinette. Beurk. Vraiment pas bon. Ça goûte

le médicament. Il rit. Ceux qui aiment en rede-
mandent. Ils ne sont pas très nombreux. Il me
sert un Coke. C'est nettement meilleur, surtout
avec ce que je mange. Un autre grand classique
dans l'univers des trios. Avec ce régime, je ne
pourrais travailler longtemps dans un casse-
croûte. Moins d'une semaine avant que le poids
perdu ne revienne. Je n'ai pas détesté, mais je ne
ferais pas ce travail. Pas longtemps. Par obligation. Je préfère la soupe populaire. De loin.

Le propriétaire est vraiment *cool*. L'équipe
de production a pu prendre toutes les images
voulues. On se dirige vers un parc pas trop loin.
Pour une entrevue. Je ne sais trop la combien-
tième. Sur mes derniers jours, l'expérience chez
Paul patate, mes différentes impressions sur ce
que je vis. Cette fois, je suis mieux préparé. L'entrevue est longue, mais cohérente, du début à la
fin. Pas trop tôt.

15

Les journées s'étirent, les doutes s'installent

Toujours aussi sale, l'appartement est passablement plus tranquille. L'été sans doute. Les activités un peu partout aussi. La dernière crise sûrement. Je me suis fait à l'idée. Depuis quelque temps déjà. Endurer l'inconfort, l'insalubrité. Jusqu'à la fin. Incapable de m'y habituer, mais en mesure de la supporter. Au moins, ma chambre est sous contrôle. Le mien.

L'expérience perd de son intérêt. De son intensité aussi. Chaque jour un peu plus. J'ai beau me faire violence, me conditionner, rien n'y fait. Je débande. Si je calcule bien, si je gère bien, j'ai suffisamment d'argent pour terminer le mois. En principe, je n'ai plus droit de travailler. J'ai accumulé mes 200 dollars de gains mensuels permissibles. Si je travaille, je serai coupé le mois prochain, mais il n'existe pas, ce mois prochain. Pas pour moi. Pas dans ces conditions. Alors travailler au centre d'appels pour le fun! Pour meubler le temps ! Pas vraiment. Sitôt terminé, je récupère ma vie, mes cartes de crédit et de débit. Allez hop. Un petit tour au guichet et me voilà riche de 100 dollars. Sans forcer. Sans calculer le temps que je dois étirer avec cette somme.

Je me sens moins utile à l'équipe de production. Ils ont tellement de chats à fouetter. D'autant que les congés du 24 et du 1er approquent. Les vacances aussi. Je n'ai à m'occuper que de moi. Vivre avec peu ou pas d'argent et contrôler ma faim, mon appétit. Voilà mon principal défi qui n'en est plus un. Je connais la recette. Je sais comment. Occuper mes journées est une affaire plus costaude. Je fais le calcul. Quatorze heures à meubler aujourd'hui. Ouf ! J'essaie de les organiser. Une heure à écrire. Une ou deux heures à lire. Une heure à me faire dorer la couenne dans un parc. Une ou deux heures à me promener à vélo. Une autre à marcher. Six ou sept au total, huit en forçant. À peine la moitié. L'autre moitié, je ne sais pas. La répétition de la première. Pas d'argent pour me payer un musée, un cinéma ou toute autre activité payante. Dans ces conditions, le cerveau n'a que deux modes de fonctionnement. *On* ou *off*. Rien entre les deux. Rien pour nager de l'un à l'autre, flotter, se laisser porter. Le mien, malheureusement, est toujours à *on*.

Mais que font-ils de leur journée, les vrais BS ? Comment l'occupent-ils ? Il y a la Tivi, c'est sûr. Mais encore ! Ils ne lisent pas beaucoup, ne pédalent pas non plus. Pas sûr qu'ils écrivent beaucoup. Plus j'y pense, plus je les plains. La prison dont je parlais, elle n'est pas que fictive. Leur appartement devient leur cellule. J'imagine qu'on s'y habitue. Comme tout. Sans travail, sans rien pour occuper les journées, elles sont parfois interminables. Pire lorsqu'on est malheureux, lorsqu'on broie du noir.

Je ne peux m'empêcher de penser à l'accomplissement. Je n'en ai pas encore parlé, mais c'est le premier des vingt-quatre facteurs d'influence du bonheur. L'accomplissement, c'est large, englobant. C'est relatif aussi. Je l'ai défini comme la satisfaction globale face à sa vie. Que cette dernière corresponde le plus possible à celle souhaitée, rêvée. Il ne doit pas être très élevé, ce facteur. Chez les assistés sociaux, je parle. Peut-être aussi que je me goure. Tout dépend des attentes. Moins réalistes elles sont, plus décevante est sa vie. La vie rêvée, on ne peut la vivre que si elle est accessible. Préférable en tout qu'en partie. Le gars qui flaube 8 000 dollars en essence pour son bateau, quelles sont ses attentes ? Pas les mêmes que celui qui reçoit 592 dollars par mois, c'est certain. Il peut cependant être aussi loin de les combler, ces attentes, que le pauvre. Donc, pas plus heureux.

Le rêve. La réalité. Deux notions incontournables. Toujours en opposition. C'est leur nature de l'être. Mais des contraires qui doivent s'apprivoiser, se rapprocher, se satisfaire l'un de l'autre. Comme deux morceaux de casse-tête. L'un doit s'emboîter dans l'autre. En gossant parfois. En forçant aussi. Plus la difficulté de les emboîter est grande, moins le sentiment d'accomplissement est présent. Cela vaut pour l'accomplissement en général, mais aussi pour toutes les sphères de sa vie. Nos attentes! Sources continuelles de nos bonheurs et de nos malheurs.

Difficile de ne pas ruminer quand on a tant d'heures à occuper. Une journée, ça peut toujours aller. Deux, passe encore. Mais trois, quatre, davantage! La culpabilité refait surface. Celle de ne pas trop souffrir. De m'en sortir. Sans coup férir. La dévalorisation s'installe, me harcèle, me tribouille l'intérieur. Comme au début du mois. Je dois lutter, affronter ce vent de face et me convaincre de mon mérite. D'être fier et satisfait. J'essaie de prendre du recul, de regarder mon expérience comme un tout. Elle sera significative. L'une des plus importantes de ma vie. Je dois seulement la terminer, sans trop me questionner et la laisser mariner, pendant quelque temps.

Au fil de mon errance dans les rues de Montréal, une obsession s'installe. Les vélos à pignon fixe. Je les vois partout. Je n'en manque pas un. Les magasins de vélos, je les visite tous. Les ateliers, encore davantage. J'ai du temps. Je m'informe, questionne. Les neufs ne m'intéressent pas. Ils n'ont pas le cachet vintage, *custom made*, qui

caractérise ces vélos. L'idée fait son chemin. De
m'en rapporter un. Moins évident à Québec. Des
côtes, des vraies, il y en a à la pelletée. Qu'importe.
Ça serait le souvenir de mon aventure. Tellement
au centre de ma parenthèse, ce vélo.

Parlant de vélo, j'ai perdu le mien. Pour de
bon. La patience et la bonté de mon fils ont des
limites. Celles de son cousin aussi. Chacun a
besoin de récupérer son bien. C'est leur mode
de transport. J'utiliserai davantage mes jambes.
Comme au début. C'est mon rayon d'action qui
en souffrira le plus. Par chance, je suis près de
tout. Du Vieux, du parc Lafontaine, du Quartier latin, du carré Saint-Louis, du Plateau. Une
petite demi-heure de marche, qu'est-ce que c'est ?
Cinq ou six fois dans la journée, rien pour faire
mourir son homme.

C'est la fête des pères. Je ne le savais pas.
C'est ma fille qui me l'apprend. Elle appelle sur
le cellulaire que l'équipe de production m'a laissé.
C'est gentil. J'apprécie. Mais la fête des pères !
Tellement secondaire. Par rapport à celle des
mères. Comme si les pères étaient une sous-
espèce. Comme une obligation de les souligner
ceux-là. J'ai toujours trouvé la situation injuste.
Pas tant l'insignifiance accordée à la fête des
pères comme l'importance démesurée attribuée
à celle des mères. C'est bon pour les restos et
les fleuristes. Comme la Saint-Valentin. Et que
personne ne les souligne pas comme il se doit,

ces fêtes. Pire, ne les oublie. C'est le puissant
monsieur commerce, supporté par l'infatiga-
ble madame finance, qui le disent, qui l'imposent. Ben oui, on va en acheter des fleurs. La
paix a toujours un prix. C'est ce que je déteste.
Par-dessus tout. Me voir placé dans une situation d'obligation imposée par la société de
consommation.

C'est officiellement l'été. Dame nature le
souligne de magnifique façon. Une journée
splendide. Impossible d'avoir mieux. Je n'ose trop
penser combien difficile et éprouvante aurait
été cette expérience durant les mois de janvier
et février. Pas sûr que j'aurais accepté. Cette
première journée d'été, je la passerai seul. Une
de plus. Les journées s'étirent, toujours davantage. Idem pour mon utilité. Comme un détenu,
je me contente de faire mon temps. D'attendre
ma libération. Elle arrivera, quelques jours avant
son temps.

L'équipe de production m'appelle. Elle m'annonce que ma dernière entrevue aura lieu le
23 juin. Qu'elle coïncidera avec la fin de mon
expérience, si je le veux bien! Je serai libre par
la suite. Ils sont débordés. La journée du 24 est
fériée, celle du 25 occupée. Il ne reste que trois
jours la semaine prochaine. Trois jours où, déjà,
leur agenda est rempli. Ils ont toutes les images
qu'ils voulaient de moi. M'ont filmé dans toutes
les situations désirées. Et ils le savent très bien.

J'ai suffisamment de ressources et d'argent pour passer le mois. Aucune situation compliquée, émotive ou désespérée ne risque d'arriver. Pas de sensationnel pour la télé. Je ne fouillerai pas dans les poubelles pour me nourrir. Ne quêterai pas. Ne fréquenterai pas la Maison du Père pour m'héberger. Ne tenterai pas, en désespoir de cause, de me jeter en bas du pont Jacques-Cartier.

Je ne suis pas fâché. Je commençais à être franchement tanné. Tanné de ne rien faire, d'attendre. Mais j'ai déjà des engagements. Toute la journée du 24 à la soupe populaire. Mon expérience se terminera donc le 25 juin. Je me fous pas mal des caméras. Depuis un bout déjà. Je le fais par pur plaisir altruiste. Pour une rare fois dans ma vie. Mon arrivée à Québec peut bien attendre quelques jours. D'ailleurs, qui m'attend? Je l'appréhende, ce retour. Pour toutes sortes de raisons. Bonnes et mauvaises. Je ne suis ni emballé, ni effrayé de retrouver ma vraie vie. Pas qu'elle soit misérable ou déplorable, absolument pas. Mais je devrai affronter la réalité. Ma réalité. Celle qui me définit. Celle que j'ai délaissée, mise entre parenthèses pendant deux mois. Je ne sais pas encore comment mon expérience me servira. J'ai encore quelques jours pour y penser.

Maintenant que la fin est connue, toute proche, mes sentiments sont mélangés et le seront toute la journée. On t'ouvre la porte,

te libère. Et moi j'hésite à sortir, à me sauver.
Comme si quelque chose me retenait. La ville
sans doute. J'aurai de la peine à quitter Montréal.
Je l'ai apprivoisée. Un peu. J'ai enfin couché avec
elle et ma foi, c'était agréable.

J'annonce à Alex et Claude ma date de départ.
Pour qu'ils sachent. Pour que Jim récupère ma
chambre. Plus vite que prévu. À cette annonce, je
perçois comme un malaise. Un malaise de gars.
On ressent tous un peu de peine. De la déception à tout le moins. Notre langage non verbal
l'exprime, mais on la cache, on n'y fait pas directement allusion. Juste un peu en fait. Juste assez.
Pas comme les filles. Aucun débordement, parce
que non justifié. J'affectionne ces individus. Ils
apprécient ma présence, et moi la leur. Malgré
tout. On ne sait si on se reverra. On se le promet,
mais entre se faire une promesse et la tenir, il y a
souvent un monde.

Les éléments se bousculent. Dans ma tête
surtout. C'est donc dire que je serai chez moi
pour le prochain week-end. Vendredi le 25, je
pars. Il ne me reste que deux jours. Pour me
dénicher un vélo à pignon fixe entre autres. Une
idée devenue une obsession maintenant. J'intensifie mes recherches. Commence à me faire
une idée. Du modèle, du prix, etc. Il me reste un
endroit que je n'ai pas fait. Rue Bennett. C'est
loin. Au sud du Stade olympique. Écovélo. Je
connais. Ils sont partout les vélos Écovélo. J'y

arrive, finalement. Sitôt entré dans le magasin, je l'aperçois. Il est là. Il m'attend. Exactement comme je l'imaginais, comme je le voulais. Tout, absolument tout. Bleu royal et argent. Le guidon en corne de taureau, jaune. Le même jaune que la bande qui orne les pneus. Deux freins. Je préfère. Nettement moins casse-gueule, surtout à Québec. Je regarde le prix. Moins cher que tous les autres jusqu'à présent. Le gars m'explique qu'il vient tout juste de le monter. Que le cadre est un Windsor des années soixante. Qu'il l'a construit comme il le voulait. Pour se faire plaisir. Il est fier de son travail. Il a raison.

Ses explications à peine commencées, la vente est conclue. Dans ma tête. C'est décidé. Je lui explique ma situation. Mon expérience des deux derniers mois. Que je ne peux laisser ni acompte ni garantie. Pas d'argent, pas de cartes de crédit en ce moment. Que je le prendrais vendredi le 25. J'ai sûrement une bonne bouille. Il accepte et me le réserve. Quand il m'explique ce qu'est Écovélo, sa compréhension trouve sa raison. En plein le genre d'entreprise que je voulais encourager. En relation directe avec ce que je vis depuis deux mois. Une coopérative d'emploi qui agit socialement sur deux niveaux. L'environnement en ramassant et récupérant les vieux vélos, mais surtout la réinsertion sociale en embauchant des jeunes qui ne l'ont pas eu facile, qui sortent de maisons de réhabilitation, parfois de prison. Des jeunes qui ont besoin d'un coup de pouce pour s'en sortir. Coup de pouce que trop peu d'entreprises sont prêtes à leur donner. Écovélo en a fait sa mission. Sa raison d'exister. Bravo. Je n'aurais pu mieux tomber. Un coup double.

Je flotte. Il y a des dépenses qui font du bien. Ce vélo en est une. Une motivation aussi. De tenir jusqu'à vendredi. Depuis que je sais ma date de départ, mes pensées sont diluées. Éparpillées entre Montréal et Québec. Entre ma parenthèse qui somnole et ma réalité qui se réveille. Je devrais avoir deux vies. Une dans chaque ville. Je pourrais prendre le meilleur des deux. Assez égoïste comme pensée.

Bizarre quand même. La chose que je redoute le plus de mon retour est celle qui m'a le plus manquée. Mon confort. Moins le confort matériel que le confort mental et social. Les habitudes vont se battre pour reprendre leurs places. Elles ne lâchent pas facilement. Elles se sont sûrement ennuyées, quoi que j'en pense. Ce sera mon plus grand défi. De lutter pour ne pas retomber les deux pieds dedans. Pour ne pas m'encroûter. Un défi probablement plus grand que celui, il y presque soixante jours, de les quitter pour me retrouver à Montréal avec 592 dollars par mois. Moins brutal, moins intense, mais plus pernicieux parce que plus lent. L'effet du temps, si souvent réparateur, peut aussi s'avérer destructeur. Malgré lui. Malgré soi. Il endort, le temps.

Paralyse parfois. Il installe une mince pellicule qu'il entretient, épaissit, au fil des jours, des mois, des années. Pas facile de résister, de la garder la plus mince possible, cette pellicule. De la briser, encore davantage.

Quand même pas mon intention de tout renier, tout bousculer, tout chambouler. Ma vie est loin d'être un calvaire. Mais de faire les choses différemment. Les petites surtout. Celles qui reviennent constamment, qui s'incrustent, s'imposent. On en a tous. Plusieurs nous énervent. On passe par-dessus. C'est plus facile. Tant qu'on est capable de les supporter, pourquoi les changer ? La loi du moindre effort, tout le monde connaît. Tout le monde l'applique. Même chose pour ses habitudes, ses patterns. Je veux les combattre, les chasser. Pas tous. Impossible. Mais les plus détestables. Ça serait déjà un grand pas. Une pensée revient sans cesse dans mon esprit. Sa pertinence me sidère. « Pour obtenir ce qu'on n'a jamais eu, il faut oser ce qu'on n'a jamais fait. » Sa difficulté n'a d'égale que sa véracité. Pour briser le cercle de ses habitudes, instaurer une dynamique nouvelle, difficile de faire autrement.

Le 23 juin est arrivé. Dernier rendez-vous avec l'équipe de production. Pour l'entrevue finale. Celle qui clôt mon expérience. Je suis nerveux. Pour la première fois. Je m'y suis préparé. Les conclusions, je déteste. Tant écrites que filmées. Elles ne servent souvent à rien. Comme s'il était toujours nécessaire de conclure. Mon expérience n'aura que des suites. Je l'espère. Je la vois comme une cure. Une cure de l'être. L'être spirituel, en opposition à l'avoir, l'être matériel. Une cure de sensibilisation dans plusieurs domaines. Sensibilisation humaine, sociale, psychologique, physiologique et existentielle.

J'ai découvert un monde que je ne connaissais qu'en parole. Celui de l'entraide, du communautaire et du social. Il est immense ce monde. Grouillant et indispensable aussi. Nécessaire pour veiller à ce que les loups ne bouffent pas toutes les brebis. Un monde guidé par la volonté d'aider, d'intervenir afin que la vie, pour plusieurs, ne soit pas qu'un mot vide de sens. Aussi important sinon plus que celui de la finance. De l'économie. On ne parle que de ces derniers. On les porte aux nues. Nos vedettes. Mais quand entend-on parler de ceux qui réparent les pots cassés? Qui soignent les plaies et blessures causées par ces vedettes? Un mal nécessaire, je suppose. Des dommages collatéraux, qu'ils diront. Inévitables dans notre société. Besoin de gens pour s'en occuper. Comme une ville a besoin de vidangeurs pour ramasser les ordures. Je les ai vus, ces cas collatéraux. J'en ai côtoyé. Trop facile de dire qu'ils sont pauvres ou BS par leur faute. Qu'ils n'ont qu'à travailler, se ramasser et se grouiller le cul. Tellement réducteur et simpliste. Belle façon de s'en laver les mains. Sans le milieu de l'entraide, du communautaire et du social, ceux de la finance et de l'économie ne survivraient pas plus que quelques semaines. Ils s'écrouleraient. Comme des châteaux de cartes.

J'ai ainsi acquis la certitude que la solidarité fait bien partie des vingt-quatre facteurs d'influence du bonheur. Elle est loin. En vingt-troisième position, mais quand même. J'hésitais. Je songeais à l'éliminer. L'individualisme est tellement valorisé. Pas évident à démontrer. D'un point de vue statistique à tout le moins. Mais c'est connu. Ils ne disent pas toujours tout, les chiffres.

Une cure qui m'aura confirmé la nécessité que des voix discordantes s'élèvent. Que s'installent des discours différents. En opposition à la pensée dominante. J'avais vu juste. À sa façon, l'IRB en est une. Une voix parallèle, non conforme, audacieuse. Le plein potentiel de cette idée n'a pas encore été effleuré.

Une période de deux mois révélatrice. Une sorte d'exploration personnelle. À travers la tranche plus défavorisée et plus marginale de la société. La misère, la pauvreté, je ne l'ai que frôlée, côtoyée. Je ne l'ai pas réellement subie, endurée. Je n'y ai mis qu'un pied, l'autre demeurant en dehors. Les deux pieds dedans, c'est différent. Je n'ose trop imaginer. Plus rien ne nous tire de l'extérieur, ne nous appelle, ne nous ramène. L'espoir disparaît, la résignation s'installe. On apprend toujours par là où on a le plus souffert. Je n'ai souffert que sur le plan de l'alimentation, du confort, de la sécurité et de la tranquillité. Pas eu à endurer les préjugés, les regards, les jugements. Pas eu à payer les comptes. Survivre, mois après mois. Jamais pensé que j'étais un citoyen de second ordre. Je ne me suis jamais senti pauvre. Même avec quelques dollars dans mes poches. Parce que je ne suis pas pauvre. Impossible d'effacer en quelques semaines une attitude cultivée et entretenue pendant toute une vie.

J'ai appris à moins juger. À combattre des préjugés. C'est déjà beaucoup. Pas vu non plus de monstre surgir de mon corps. Ni de fantôme de mon esprit. Au contraire. Explorer les extrémités, sortir des sentiers battus, c'est la seule façon de découvrir. Sur soi, notamment. On court un risque. D'aimer ou de réprouver ce que l'on découvre. J'ai plutôt aimé. Je m'étais jugé. Assez sévèrement. J'ai encore peur de la pauvreté. De la misère davantage. Toujours aussi violente, dérangeante. Incisive dans les regards. Je la comprends mieux. Pas plus acceptable pour autant. J'ai la conviction qu'on peut la réduire, l'amoindrir. Encore faut-il le vouloir, collectivement.

Je me suis découvert une énergie fabuleuse. Je me sens plus jeune. Plus fort aujourd'hui qu'avant le début de l'expérience. Une force mentale également. Je la soupçonnais. Elle s'est confirmée. En outre, paradoxalement, malgré

les privations et l'aspect frugal de ma vie durant
deux mois, jamais je ne me suis senti aussi libre.
Sans réelles responsabilités, sans comptes à
rendre, sans obligations. Concentré sur la journée qui commence, sur le moment qui s'écoule.

La caméra roule toujours. Depuis plus d'une
demi-heure, je parle sans cesse, passant d'un sujet
à un autre. J'aborde l'éducation. Assurément le
meilleur et l'un des seuls remèdes à la pauvreté. Je
n'aime pas ce que je vois. D'un côté le privé, fortement subventionné, qui prend de plus en plus la
place du public. Qui a la cote aussi. Une forme
de snobinage également. De l'autre, le public,
asséché, sucé, qui de plus, à l'instar du communautaire, doit s'occuper des rejets, des déchets.
De plus en plus nombreux. À cause du tri. De
la sélection du privé. Pas le choix, sinon, qui le
fera? Certainement pas le privé. Dès lors, qui
veut envoyer ses enfants apprendre au milieu des
rebuts? Un cercle vicieux. Le syndrome Hygrade
qui prend forme. Deux systèmes, deux catégories,
deux castes bientôt. Et on parle d'unité, de solidarité, de mobilisation de la population. Quelle
farce! Quelle hypocrisie! On fait l'inverse. Ça
me révolte. Qu'on laisse tranquillement au privé
le soin d'éduquer une société. Ça m'insulte de
devoir payer pour les plus riches. Ça m'horripile
qu'un gouvernement se dise incapable de finan-
cer correctement son système d'éducation public.
Incapable d'investir dans son avenir. Pour moi,

c'est la pire des pauvretés. L'éducation n'est pas un privilège, mais un droit.

Un gouvernement qui refuse de faire des choix aussi. Des dirigeants qui n'ont pas de plan, pas de colonne, qui gèrent à la petite semaine, comme le fait le gérant avec sa salle de bowling. Lorsque c'est la direction du vent qui détermine l'orientation d'une société, sans aucune idée de ce que sera notre société dans vingt, trente ans, la vraie pauvreté, elle se situe aussi là. Elle commence là.

Je m'emporte. Toujours comme ça quand je parle d'éducation. Ou de politique. Et ces étudiants en médecine, j'en ai connu qui, sitôt leur formation terminée à nos frais, ne pensaient qu'à faire du gros cash de l'autre côté du 49ᵉ parallèle. Des voleurs. Des voyous. En sarrau blanc, stéthoscope autour du cou. On devrait leur envoyer une facture pour le montant de leurs études. Les obliger à payer. Ne pas les laisser s'en tirer. Ça aussi, c'est de la pauvreté. Elle n'est pas toujours là où l'on pense. N'arbore pas toujours des binettes de misère.

La réalisatrice me ramène à l'ordre. Je reviens sur l'expérience. L'intensité des émotions que j'y ai vécues. La fébrilité du début. L'insécurité. L'adaptation. Mon acceptation par les membres de la tribu. L'univers de la musique. La réalité de Montréal. Les histoires d'horreur. Mes cinquante-quatre derniers jours défilent dans ma tête à vive allure. Je suis franchement privilégié. D'avoir vécu cette aventure. La plus marquante de ma vie. Elle m'accompagnera longtemps. J'en ai la conviction. Suis-je transformé ? Non. Suis-je une meilleure personne. Assurément. Plus zen, plus *cool*, plus consciente. Que rien, nulle part, n'est parfait. Que rien ne le sera non plus et c'est correct ainsi. Tenter d'améliorer les choses ? Oui. Essentiel, sinon où est l'intérêt, mais la perfection ! Non. Je souhaite la bannir. De toutes les sphères de ma vie. J'y pensais depuis un temps déjà. J'en ai maintenant l'occasion. *Out*. Comme courir après sa queue. Une plaie. J'aurai aussi compris ça. Je l'ai accepté. Je peux enfin baisser un peu les bras, sans devenir un paria.

Je suis bien. Je me sens bien. Comme je l'ai rarement été.

La caméra s'éteint. L'entrevue aussi. Je ne les reverrai plus. L'entente était bonne. Beaucoup de respect. Ils me demandent alors ce qui me ferait le plus plaisir. Un immense morceau de gâteau au chocolat et un grand verre de lait froid. C'est venu comme ça. Instantanément. Parce que j'adore. Parce que j'en ai zieuté pendant deux mois dans les cafés. Toujours avec la tentation de me les offrir. Sans jamais en profiter. Parfait. Mon désir deviendra une réalité. Dans la bonne humeur et la gaieté.

La Saint-Jean s'installe. Le gros show du 23 au parc Maisonneuve-Rosemont. De plus petits un peu partout ailleurs. Personne de la tribu ne se trouve à l'appartement. Le contraire aurait été surprenant. Je pars me promener, observer. Comment la ville fête. Je m'attends à tout. Après tout, Montréal demeure Montréal. Eh bien non! Je ne l'ai jamais vue si tranquille, la ville. Déserte. La rue Saint-Denis, l'avenue du Mont-Royal, le boulevard Saint-Laurent. Personne ou presque. Nettement moins de gens qu'un jour de semaine normal. Je n'en reviens pas. Les shows de banlieue drainent-ils la clientèle du centre-ville? Tous foutus le camp de l'île aussi. Pour un week-end de quatre jours. Le contraire de Québec. La soirée du 23, impossible de l'éviter. Surtout que je demeure dans le secteur. Moi aussi, normalement, je décampe. Mais pas cette année.

Je me présente à la soupe populaire à 14 heures. Rues bloquées, banderoles suspendues, scène montée, tables et chaises dispersées dans la rue. Même les réchauds de la cuisine et les réfrigérateurs sont dehors. Une vraie fête de quartier. Défavorisé. La cuisine bourdonne. Johanne m'explique le travail à faire. Je m'installe. Un repas de fête. Soupe, poitrine de poulet sauce barbecue, riz, légumes, salade, pain, dessert, boisson gazeuse et deux coupons pour une consommation. Bière ou vin. Pour six gros dollars.

Le temps est incertain. En cas de pluie, tout le monde en dedans. Mais le charme serait rompu. On croise les doigts. Dame nature s'en

fout carrément. Il pleut. Pas mal. Les organisateurs sont découragés. La place est désertée.
Tant de bouffe préparée. Tant d'efforts consentis.
Pour que la fête rayonne. Auprès des démunis,
des pauvres, des gens vieux et seuls. Pour les lais-
sés-pour-compte de la société, dans un quartier qu'on ne perd pas son temps à visiter. Une
grande tristesse soudainement m'envahit. Une
tristesse étrange, empreinte à la fois de fierté
et de culpabilité. Triste à cause de la situation
et de la déception des organisateurs, mais fier
de ces gens. Fier qu'il en existe autant, de leur
engagement, de leur volonté d'aider, de soutenir
et de servir les plus démunis. Coupable pour
mon égoïsme, mon désintérêt, mon indifférence
presque. Ça serait quoi ? Quelques heures par
mois. À aider cette frange de la société. Qui en
souffrirait ?

Une décision doit être prise. À l'intérieur ou
à l'extérieur ? Au même moment, la météo se
ravise. La pluie cesse. Le soleil se montre le bout
du rayon. Une corvée pour essuyer les tables et
les chaises. La place, tantôt déserte, se remplit à
nouveau. Pas autant de monde que prévu, mais
l'optimisme est de mise. Six heures. C'est parti. Je
suis au service. Le resterai jusqu'à 20 heures. La
clientèle est bigarrée. Des jeunes familles aussi.
Un petit gars, huit ou neuf ans, me demande ce
qu'on mange. Du riz, répète-t-il, interloqué. Oui,
du bon riz. C'est quoi du riz ? qu'il me dit.

Eux aussi, je ne les reverrai plus. Je serai toujours le bienvenu. C'est une invitation. J'aimerais y retourner. Encore une promesse. Plus on en fait, moins on en tient. Mais l'intention est pure.

Ma soirée, la dernière, est loin d'être terminée. J'arrive à l'appartement avec la caisse de bière et les cigarettes. C'est ma tournée. Pour toutes celles que j'ai mendiées. Mais la fête se fait dehors. Dans le parc Lorimier, juste à côté. Un petit chapiteau qui crache de la musique punk. Pas une grosse foule. Une centaine. Sûrement plus si je compte leurs innombrables chiens. Des petits, des gros. Il y en a partout. Qui jouent, qui jappent, qui grondent, qui courent. Pas reposant. Pas vraiment mon style non plus. Leurs maîtres dansent ou parlent, assis un peu n'importe où. Ma caisse est au centre du groupe. Tout le monde se sert. C'est pour eux. Le beat est bon, j'avoue. À des milles des rigodons. Je danse, au milieu d'eux. Majoritairement des punks. Pour tous les goûts. Je détonne. Pas à peu près. Mais j'ai appris à m'en foutre un peu. La soirée gagne en intensité. Alex, Claude, Phil et Jim sont là, mais éparpillés, jamais longtemps sur le même pied carré. La caisse terminée, je décide de rentrer. Je n'ai plus personne à qui parler. J'en ai assez.

Presque midi. Mon sac est fait. Je suis prêt. J'attends. Un membre de l'équipe de production doit m'apporter mon auto. Cinquante-cinq

jours que je n'ai pas conduit. Je n'y ai même pas
pensé. Les cinq membres du groupe sont dans
la cuisine. Ils ont une répétition dans un local
pas loin. Je n'aime pas les adieux. Comme les
conclusions. Je les salue. Nos regards se croisent.
Ceux d'Alex et de Claude surtout. À l'opposé des
mots, les regards ne mentent jamais. Des *high
five*, des poings qui se cognent. Je sens du respect.
Un immense respect. De l'affection aussi. Tout
autant. Je crois que c'est partagé. Totalement.
Claude me lance encore que le sage que je suis
lui manquera. Moi, un sage. Quelle idée. Elle fait
quand même plaisir, cette allusion. Je sais ce qu'il
veut dire. Leur porte me sera toujours ouverte.
Ils ne me demandent même pas la clé. Ils m'en
auront fait vivre des émotions, ces moineaux.
Des moments intenses, loin de mon univers.
Parfois magiques, tantôt dramatiques, pathétiques en quelques occasions. Des moments qui
m'accompagneront toute ma vie. C'est aussi ça
des passionnés, des flyés, des marginaux.

Ils partent avant moi. Je les regarde s'éloigner.
J'ai la gorge un peu serrée. Mon aventure est bel
et bien terminée.

16

Le choc du retour

ELLE EST quand même bien ma petite Volvo C30. Ça me fait tout drôle. Comme si je n'avais pas le droit de monter dedans. Ce petit sentiment de gêne, d'inconfort ne dure pas vraiment longtemps. Ça y est. C'est parti. Direction Écovélo. Pas bien loin. La ville m'apparaît différente en auto. Je suis maintenant de l'autre côté. Je regarde les piétons et les vélos différemment. Déjà. Arrivé rue Bennett, je teste la marchandise. Un petit essai routier. Ouf! Une seule vitesse, un pédalier fixe, qui n'arrête jamais de rouler, tant que la roue arrière tourne. Pas évident. Une petite adaptation sera nécessaire. On procède à des petits ajustements, je règle la facture et hop, j'enfile le vélo dans le coffre. Direction Québec.

Je ne suis pas encore sorti de la ville. Le trafic est presque insignifiant, mais je suis saisi. Un constat implacable. L'auto me rend impatient, intolérant. Les feux de circulation sont trop lents.

Les automobilistes, pas assez rapides. Et pourquoi suis-je pressé ? Je n'ai aucun rendez-vous. Personne ne m'attend. Je me regarde aller et n'en reviens pas. Moi qui me croyais plus zen. C'est la faute du char. Le maudit char. Tellement facile. On n'a qu'à appuyer sur la pédale pour avancer. Aucun effort n'est exigé. L'auto est un mode de transport rapide. Notre comportement épouse le même modèle. Inconsciemment, l'auto nous incite à aller plus vite. À compresser le temps. Enfermé dans notre habitacle, notre bulle, on est coupé de l'extérieur.

En vélo ou à pied, la dynamique est tout autre. On est le temps. On devient le temps. Tout demande un effort. Tout devient plus sensoriel, physique. Plus conscient des gestes que l'on pose, on sent davantage les éléments. Le bruit, le vent, les odeurs, la chaussée sous nos pieds ou sous nos roues. Tout. On fait corps avec les éléments. En auto, zéro. Le son provient de la radio. Les odeurs, du petit sapin sur le rétroviseur et le vent, du climatiseur.

Une autre pensée me traverse l'esprit. Au point le plus haut du pont Jacques-Cartier. Pour la première fois en presque deux mois, je mettrai les pieds, et les roues, hors de l'île. Je quitte mon refuge. J'emprunte la 20. L'interminable 20. Comme le disait George Moustaki en parlant de la solitude : « Avec le temps, je m'en suis fait presque une amie, une douce habitude. »

Ces paroles s'appliquent à merveille à la situation. Elle est thérapeutique, cette route horrible. En cet après-midi du 25 juin, elle est salvatrice, une fois de plus. Elle offre une pause, un espace, un tampon nécessaires. Pour me permettre de passer d'un mode à un autre. Enlever un peu de Montréal de mes yeux, de mes oreilles. Pour bien réaliser ce que je viens de terminer, ce que je dois affronter.

J'arrive à Québec par le boulevard Champlain. Qu'il est beau, ce boulevard. Unique en son genre. Davantage depuis son aménagement. Une belle réussite. Je grimpe la côte Gilmour. En haut, le même effet, toujours, se produit. Mais qu'elle est belle, cette ville. Surtout à cet endroit, dominé par le fabuleux parc des Plaines d'Abraham et le Musée National des beaux-arts qui se pointe à l'autre bout. Presque l'heure du souper. À l'intersection des rues, je cherche, mais ne trouve pas. C'est vide. Personne. Pas de monde. Que quelques paroissiens ici et là. Aucun tatouage, aucun piercing. Le contraste est frappant. La ville m'apparaît si petite, si tranquille, si gentille. J'ai soudainement peur de m'y ennuyer. Me demande même si j'y ai encore ma place.

Mon cerveau bien allumé, attentif, je roule dans les rues de la capitale. J'observe. Je ne peux m'empêcher de constater l'énormité des différences avec la métropole. Aucune intention de comparer. Soudainement, je les trouve connes et idiotes, toutes ces comparaisons. Inutiles, négatives et castratrices. On devrait passer une loi. Interdire les comparaisons entre les deux villes. Parce que leurs bases ne le permettent pas. Comparer un pruneau avec un brocoli. Ridicule. Une perte de temps. Dans ce cas-ci, toute comparaison est injuste. Pour une ville comme pour l'autre. Aucune ne le mérite. Elles sont toutes deux magnifiques, mais dans des genres complètement différents. À l'opposé l'une de l'autre. C'est ce qui est merveilleux. Pourquoi ne pas pleinement les apprécier pour ce qu'elles ont d'admirable à offrir plutôt que les comparer. Un exercice négatif, abrutissant. Et peut-on les aimer toutes les deux ? Sans se faire chicaner ? C'est mon cas. J'aime Québec pour tout ce que Montréal n'est pas. J'aime Montréal pour tout ce que Québec n'est pas.

Et voilà que l'on fantasme sur le possible retour des Nordiques bleu poudre. Pour faire chier Montréal, pour la battre, s'afficher, s'enorgueillir, se chicaner, se prouver qu'on est quelqu'un. Déjà bien difficile de s'entendre, de se mobiliser, de s'entraider sans qu'on y ajoute une pomme de discorde additionnelle. Ce n'est que du hockey, diront les fans excités. Rien de plus faux. Le hockey n'est ni la cause ni la raison. Il est l'outil. Un très mauvais outil. Un jouet de p'tit gars frustré qui risque de coûter plus que ce qu'il rapporte. Et je ne parle pas vraiment d'argent.

J'arrive à mon appartement. Je suis sidéré. Le choc est total. Bon sang qu'il est beau ! J'avais oublié, je crois. Le confort est visible. Il m'emplit tous les sens. D'un seul coup, je réalise toute l'ampleur de mon expérience des deux derniers mois. De l'adaptation que j'ai dû assumer. Les contrastes sont frappants. Étourdissants. Je sais immédiatement que la tâche sera difficile. Celle de ne pas retomber dans mes vieilles habitudes, d'éviter de me vautrer dans mon confort, de m'encroûter. Je devrai me battre et me le rappeler. À tous les jours.

Assis sur le divan, immobile, mes yeux se promènent, ma tête s'active. Une bizarre sensation me taraude l'esprit. Celle d'une nécessaire réappropriation de mon propre univers. Le choc est presque aussi grand, sinon davantage. Le choc de partir de Québec et me retrouver à Montréal avec 592 dollars et celui de quitter Montréal et me retrouver chez moi. Je m'étais conditionné au premier. Préparé. Je n'ai pas fait l'exercice pour le retour. Pas cru bon de le faire. Je ne sais pas si je suis content ou non. Si je ne dois pas repartir sur-le-champ pour Montréal.

Pas trente minutes que je suis arrivé. Les chocs se succèdent. Je grimpe sur la balance. Cent quatre-vingt-dix livres. J'ai perdu dix-sept livres. Jamais je n'aurais cru. Dix, douze livres, peut-être, mais dix-sept. Le même poids qu'il y a seize ans, lorsque j'ai accroché mes espadrilles de volley-ball. De toutes ces livres perdues, je n'ai pas l'intention d'en reprendre une seule.

Je ne peux que sourire. À la pensée de tous ces régimes, de ces méthodes, cures, cliniques, volumes et j'en passe pour perdre du poids. Je vais lancer le mien. Pas très scientifique, mais efficace au possible. Je pars d'un principe. D'une simplicité. Les calories. On doit en dépenser davantage qu'on en absorbe. Logique. Si mon principe est simple, plus compliquée est son application. En fait, c'est dans celle-ci que mon régime puise toute sa force. Parce qu'il agit à deux niveaux. Le corps, bien sûr, mais surtout l'esprit. Les ingrédients sont d'une simplicité désarmante.

La durée minimale du régime est d'un mois. Sinon la garantie ne s'applique pas. Un congé total. Un congé de tout. Absolument tout. Pas de tricherie. Un mois dans une vie, c'est quoi? Tant et si peu à la fois. Tant parce que la notion du temps nous étouffe, la vie s'en assurant. Peu parce qu'un mois, c'est 0,1 % d'une vie qui prend fin à quatre-vingts ans. L'efficacité du régime repose sur un principe élémentaire. Considérer ce temps non pas comme une perte ou une dépense, mais comme un investissement.

La somme disponible totale pour chacun des mois du régime est fixée à 500 dollars. Pas un sou de plus. C'est peu, mais suffisant. Contrairement aux autres régimes, aucune carte de crédit et de débit n'est acceptée, ni permise durant le traitement. Là encore, la garantie ne sera pas honorée s'il y a bris de cette condition.

Aucun ordinateur, Blackberry, iPhone n'est toléré. Les inspecteurs se montreront de glace et sans pitié pour les tricheurs. Un simple cellulaire est accepté.

Le lieu de résidence durant cette période est nécessairement une ville qui n'est pas la vôtre. Pour favoriser une meilleure compréhension des deux solitudes, je recommande fortement Montréal pour les gens de Québec et Québec pour les gens de Montréal. Vous pouvez aussi choisir la ville que vous désirez dans le monde. Les frais de transport pour s'y rendre sont en sus. L'efficacité du régime n'en sera pas altérée, mais la privation, dure épreuve s'il en est, sera beaucoup plus difficile à tolérer à Barcelone qu'à Thetford Mines.

L'hébergement est constitué d'une chambre la plus ordinaire possible. Pas de confort. Le minimum. La télévision dans la chambre est strictement interdite.

L'automobile, la vôtre ou celle d'un ami est confisquée pour toute la durée du régime. Elle est remplacée par un vélo ou des souliers de marche, ou les deux. L'utilisation des transports en commun permise seulement en cas d'urgence.

Tous vos effets personnels devront trouver refuge dans un sac à dos. À vous de déterminer ce qui est essentiel.

Tous les éléments sont réunis. Il ne vous reste plus qu'à baisser la tête, à prendre une grande respiration et à vivre.

En bout de piste, votre avoir se sera effacé, un peu, pour faire une plus grande place à votre être.

* * *

Table des matières

Ce livre a été imprimé au Québec en août 2012
sur du papier entièrement recyclé
sur les presses de Marquis impression